BESTACTIVITYBOOKS.COM

Copyright © 2022 LINGUAS CLASSICS

PREMIERE ÉDITION

Dépôt légal, 2022

Illustration Graphique Extra: www.freepik.com
Merci à Alekksall, Starline, Pch.vector, Rawpixel.com,
Vectorpocket, Dgim-studio, Upklyak, Macrovector,
Stockgiu, Pikisuperstar & Freepik.com Designers

Découvrez des Jeux Gratuits en Ligne

Disponible Ici :

BestActivityBooks.com/FREEGAMES

5 ASTUCES POUR DÉMARRER !

1) COMMENT RÉSOUDRE LES MOTS MÊLÉS

Les puzzles sont dans un format classique :

- Les mots sont cachés sans espaces, tirets, ...
- Orientation : Les mots peuvent être écrits en avant, en arrière, vers le haut, vers le bas ou en diagonale (ils peuvent être inversés).
- Les mots peuvent se chevaucher ou se croiser.

2) UN APPRENTISSAGE ACTIF

Un espace est prévu à côté de chaque mots pour noter la traduction. Pour favoriser un apprentissage actif un **DICTIONNAIRE** à la fin de cette édition vous permettra de vérifier et étendre vos connaissances. Cherchez et notez les traductions, trouvez-les dans le Puzzle et ajoutez-les à votre vocabulaire !

3) MARQUEZ LES MOTS

Vous pouvez inventer votre propre système de marquage. Peut-être en utilisez-vous déjà un ? Sinon, vous pourriez, par exemple, marquer les mots qui ont été difficiles à trouver d'une croix, ceux que vous avez aimés d'une étoile, les mots nouveaux d'un triangle, les mots rares d'un diamant, etc...

4) STRUCTUREZ VOTRE APPRENTISSAGE

Cette édition vous offre un **CARNET DE NOTES** très pratique à la fin du livre. En vacances ou en voyage ou à la maison, vous pouvez facilement organiser vos nouvelles connaissances sans avoir besoin d'un second bloc-notes !

5) VOUS AVEZ FINI TOUTES LES GRILLES ?

Allez à la section bonus **CHALLENGE FINAL** pour trouver un jeu gratuit à la fin de cette édition !

Simple et Rapide ! Découvrez notre collection de livres d'activités pour votre prochain moment de détente et **d'apprentissage**, à juste un clic de distance !

Trouvez votre prochain défi sur :

BestActivityBooks.com/MonProchainLivre

À vos marques, prêts... Partez !

Saviez-vous qu'il existe environ 7 000 langues différentes dans le monde ? Les mots sont précieux.

Nous aimons les langues et avons travaillé dur pour créer les livres de la plus haute qualité pour vous. Nos ingrédients ?

Une sélection des thématiques d'apprentissage adaptée, trois belles parts de divertissement, puis nous ajoutons une cuillère de mots difficiles et une pincée de mots rares. Nous les servons avec soin et un maximum de plaisir pour vous permettre de résoudre les meilleurs jeux de mots mêlés qui soient et d'apprendre en vous amusant !

Votre avis est essentiel. Vous pouvez participer activement au succès de ce livre en nous laissant un commentaire. Nous aimerions vraiment savoir ce que vous avez préféré dans cette édition !

Voici un lien rapide qui vous mènera à la page d'évaluation de vos commandes :

BestBooksActivity.com/Avis50

Merci pour votre aide et amusez-vous bien !

De la part de toute l'équipe

1 - Été

```
F  R  I  T  I  D  D  T  K  E  R  G  A  R
I  G  A  D  I  K  I  S  E  Z  Z  M  F  E
N  C  Y  W  E  K  J  T  F  T  X  A  S  J
B  R  C  I  F  A  H  J  J  U  G  D  L  S
S  E  A  V  E  N  N  E  R  E  F  U  A  E
C  T  H  A  R  Y  A  R  M  Q  A  V  P  V
S  A  R  K  I  Q  E  N  U  A  M  K  N  W
Q  T  M  A  E  H  N  E  S  P  I  L  I  H
I  S  J  P  N  J  I  R  I  X  L  H  N  B
H  N  P  U  I  D  D  Y  K  N  I  N  G  J
A  A  Z  V  R  N  P  Z  N  A  E  U  L  R
V  Z  V  P  B  Ø  G  E  R  F  D  K  Æ  T
W  H  Y  E  J  Q  Y  S  K  E  O  P  D  J
S  A  N  D  A  L  E  R  I  R  D  U  E  C
```

VENNER	HAV
CAMPING	MUSIK
STJERNER	MAD
FAMILIE	STRAND
HAVE	DYKNING
SPIL	AFSLAPNING
GLÆDE	SANDALER
BØGER	FERIE
FRITID	REJSE

2 - Adjectifs #2

```
P R O D U K T I V R J D Z C
A U T E N T I S K G I S K P
K V G C W Y Z E S U N D O T
M A G T F U L D E S T O L T
F X P B E S K R I V E N D E
V E X F R U G D X I R H K N
D R A M A T I S K L E D R A
G B U O B T F H L D S H E T
S P B L A H T S D T S P A U
C M I E V E E A G K A C T R
D L N Y R F T L A E N Y I L
S O J R T Ø R T C M T T V I
M H I M W D M E S T Æ R K G
E L E G A N T T N V G K N R
```

AUTENTISK
BERØMT
KREATIV
BESKRIVENDE
GIFTET
DRAMATISK
ELEGANT
STOLT
STÆRK
INTERESSANT

NATURLIG
NY
PRODUKTIV
MAGTFULDE
REN
SUND
SALTET
VILD
TØR

3 - Exploration

K T U M X A D X S T Q S B U
U Z K O G X I B P E U C T D
L V E D B A E Q Æ R E M Y M
T D N D Y R K I N R S Z D A
U M D K O H X T D Æ T W A T
R G T F J E R N I N K Q C T
E S K I C N D R N V I L D E
R N Y X M E M Z G X I I T L
B E S T E M M E L S E T P S
M R P L A D S V E Z Z D E E
E Y R E J S E U E T R Y O T
F P O Y F F T L F A R E R Q
M T G M B P W T Q P O L O Z
X J P L S O P D A G E L S E

AKTIVITET
DYR
MOD
KULTURER
FARER
OPDAGELSE
BESTEMMELSE
PLADS
SPÆNDING

UDMATTELSE
UKENDT
SPROG
FJERN
NY
QUEST
VILD
TERRÆN
REJSE

4 - Formes

```
Z K V S X H N B G U L P E P
K U R V E P H T S Q I R L Y
T B O S F Æ R E C U N I L R
C Y L I N D E R K O J S I A
S P T D K U X W O A E M P M
Q Z S E H J Ø R N E N E S I
J U K I H R G Q O S Q T E D
H Y P E R B O L A V F B E E
B L B T G E M X I B A H K R
U P N N O L K D T F N L Z D
E X O U P R E K T A N G E L
T E R N I N G P O L Y G O N
R G L F I R K A N T M X B Q
C I R K E L T R E K A N T I
```

BUE	ELLIPSE
KANTER	HYPERBOLA
FIRKANT	LINJE
CIRKEL	OVAL
HJØRNE	POLYGON
KURVE	PRISME
KEGLE	PYRAMIDE
SIDE	REKTANGEL
TERNING	SFÆRE
CYLINDER	TREKANT

5 - Salle de Bains

S	D	T	W	E	Q	N	S	M	M	Y	S	O	T
C	H	A	Æ	J	I	L	P	H	D	N	V	Y	L
Z	B	A	M	P	B	O	E	Å	X	H	A	S	B
P	J	Z	M	P	P	K	J	N	J	E	M	E	K
X	L	A	V	P	L	E	L	D	U	U	P	A	K
X	I	T	F	A	O	B	G	K	B	T	R	N	W
V	Y	O	Y	R	T	O	I	L	E	T	Q	I	J
A	N	B	Z	F	I	B	S	Æ	S	Q	J	G	A
N	D	T	U	U	O	L	A	D	Q	P	B	A	D
D	L	X	V	M	N	E	K	E	B	F	R	Q	J
N	Z	C	L	E	L	R	S	S	H	B	U	J	N
V	A	N	D	H	A	N	E	Æ	R	E	S	Z	D
P	Y	T	Y	R	V	I	O	B	T	T	E	P	X
E	T	O	I	L	T	C	A	E	G	P	R	R	R

BAD	PARFUME
BOBLER	VANDHANE
SAKS	SÆBE
BRUSER	HÅNDKLÆDE
VAND	SHAMPOO
SVAMP	TÆPPE
LOTION	TOILET
SPEJL	DAMP

6 - Adjectifs #1

```
E K S O T I S K V I G T I G
M L H R U K M U A Y E A D A
O A N U N Z T N A H N M E I
D N U N G E I S X M E B N L
E G S P M A L T R B R I T A
R S K E W H T N Y S Ø T I R
N O Y R N C R E D N S I S O
E M L F Y L Æ R A O D Ø K M
C A D E T T K I B H L S D A
O I I K T O K S S X C X P T
Z A G T I R E K O Y X G S I
Q U O Z G C N N L J Y Z M S
Æ R L I G W D X U U O G U K
A K T I V T E O T P B R K G
```

ABSOLUT	IDENTISK
AKTIV	VIGTIG
AMBITIØS	USKYLDIG
AROMATISK	UNGE
KUNSTNERISK	LANGSOM
TILTRÆKKENDE	TUNG
SMUK	TYND
EKSOTISK	MODERNE
GENERØS	PERFEKT
ÆRLIG	NYTTIG

7 - Instruments de Musique

```
B M K Q S K S C N A U H V J
A A M I J L A T E F F S I Y
M N N C C A X X R L Q I O T
A D N J L R O O W O L C L H
R O N F O I F I X H M O I A
I L D B Z N O D V N O M N R
M I O B O E N Z F P T D E M
B N D A E T G K L A V E R O
A Y E S E P O P Ø N T P G N
Y O W U D Q N L J K S I U I
T X G N F A G O T L E Z I K
H A R P E L K B E X H Z T A
S A S Y G T R O M P E T A Q
U A A T A M B U R I N M R O
```

BANJO	MARIMBA
FAGOT	KLAVER
KLARINET	SAXOFON
FLØJTE	TROMME
GONG	TAMBURIN
GUITAR	BASUN
HARMONIKA	TROMPET
HARPE	VIOLIN
OBO	CELLO
MANDOLIN	

8 - Échecs

MODSTANDER

PASSIV

HVID

DRONNING

CHAMPION

REGLER

KONKURRENCE

KONGE

UDFORDRINGER

OFRE

DIAGONAL

STRATEGI

SPIL

TID

SPILLER

TURNERING

SORT

9 - Herboristerie

```
L A V E N D E L B F Z G J U
M Y N T E P Q U T E F W P Y
S A F F R O N B I N S I X R
M G L J B A M A M N U I B L
A A C Z I Q M S I I O K P H
G A V N L I G I A K A J E I
H R K G I I G L N E R O R J
Z V O V B R R I B L O M S T
W D I S A R Ø K H H M M I W
Z N Z D M L N U A L A E L B
G I C K L A I M V V T R L P
B Y R T A Ø R T E K I I E D
B I M W H S G I E Z S A M P
E S T R A G O N N T K N T J
```

HVIDLØG	MERIAN
AROMATISK	MYNTE
BASILIKUM	PERSILLE
GAVNLIG	KVALITET
ESTRAGON	ROSMARIN
FENNIKEL	SAFFRON
BLOMST	SMAG
HAVE	TIMIAN
LAVENDEL	GRØN

10 - Véhicules

```
E  I  U  A  C  J  D  J  P  B  Y  C  T  T
I  H  C  F  Y  M  Z  S  J  E  P  A  R  A
H  E  L  I  K  O  P  T  E  R  N  M  A  X
T  Ø  M  M  E  R  F  L  Å  D  E  P  K  A
D  M  X  P  L  N  Æ  D  B  B  I  I  T  R
S  C  O  O  T  E  R  Æ  Å  I  M  N  O  A
H  D  V  T  V  G  G  K  D  L  B  G  R  K
U  L  I  O  O  E  E  J  Y  B  L  V  G  E
T  T  A  G  E  R  F  L  Y  U  O  O  N  T
T  N  Z  S  Q  A  U  U  G  S  R  G  I  F
L  E  X  O  T  A  M  B  U  L  A  N  C  E
E  B  M  H  B  B  S  C  E  B  I  D  G  H
N  A  Q  H  P  V  I  F  W  S  Å  A  V  Q
R  N  N  H  T  O  A  L  Y  H  M  D  H  A
```

AMBULANCE	SHUTTLE
FLY	DÆK
BÅD	TØMMERFLÅDE
BUS	SCOOTER
LASTBIL	UBÅD
CAMPINGVOGN	TAXA
FÆRGE	TRAKTOR
RAKET	TOG
HELIKOPTER	CYKEL
MOTOR	BIL

11 - Camping

```
U H V F Y Q A Q W S H B O L
A M H B X S V T B K T I X G
H Æ N G E K Ø J E O U D Z X
L K O M P A S D O V Z L E H
H A T M A B Ø A Y K C X I X
B A N G E I V F D E A R B K
J J O T V N B R A N D N I G
E K O G E E I N S E K T O T
R E B J N R H Z I Z Z Y A U
G Y V A T A N L X J Z D C D
C T R G Y M T E L T C Y E A
O R X T R Å B U E K O R T Q
K T C C F N O O R Q A Q T F
V U J A U E U D S T Y R U N
```

DYR	BRAND
EVENTYR	SKOV
KOMPAS	HÆNGEKØJE
KABINE	INSEKT
KANO	SØ
KORT	LANTERNE
HAT	MÅNE
JAGT	BJERG
REB	NATUR
UDSTYR	TELT

12 - Conservation

```
R E D U C E R E B W U S W O
Ø M I L J Ø M Æ S S I G F F
Ø K O S Y S T E M V V Q G K
F L O N R O N Y Q U A E G B
T I Y L G L W D W D L N M Æ
P M N N O E F W R D Æ K D R
E A G A A G R X M A N Q G E
S U R T E E I S U N D H E D
T W Ø U J F V S P N R A N Y
I Z N R Y Q I U K E I B B G
C Y K L U S L A J L N I R T
I B B I F S L V G S G T U I
D Z A G E F I Z X E E A G G
S V T V M R G X K Z R T E T
```

FRIVILLIG	HABITAT
ÆNDRINGER	NATURLIG
KLIMA	ØKOLOGISK
CYKLUS	PESTICID
BÆREDYGTIG	GENBRUGE
VAND	REDUCERE
MILJØMÆSSIG	SUNDHED
ØKOSYSTEM	GRØN
UDDANNELSE	

13 - Écologie

```
B  J  E  R  G  E  C  F  L  O  R  A  D  W
D  R  O  T  J  R  G  B  Z  V  F  M  V  D
K  G  Z  Z  S  T  L  P  F  E  Æ  T  V  N
P  L  A  N  T  E  R  W  F  R  L  S  N  A
T  O  I  M  O  S  E  H  B  L  L  R  F  T
Ø  B  V  M  U  S  E  K  Æ  E  E  E  R  U
R  A  X  F  A  U  N  A  R  V  S  S  I  R
K  L  H  G  H  I  M  N  E  E  S  S  V  M
E  V  J  F  O  A  F  O  D  L  K  O  I  A
S  B  Y  U  Y  K  B  V  Y  S  A  U  L  R
D  N  A  T  U  R  L  I  G  E  B  R  L  I
P  B  R  U  A  S  X  V  T  O  E  C  I  N
E  C  L  I  R  O  E  M  I  A  R  E  G  E
K  S  U  M  T  O  H  F  G  W  T  R  E  N
```

FRIVILLIGE	MOSE
KLIMA	MARINE
FÆLLESSKABER	BJERGE
BÆREDYGTIG	NATUR
ART	NATURLIG
FAUNA	PLANTER
FLORA	RESSOURCER
GLOBAL	TØRKE
HABITAT	OVERLEVELSE

14 - Astronomie

```
J  H  H  P  W  M  C  M  Å  N  E  A  G  K
A  O  U  N  I  V  E  R  S  E  Q  S  A  O
S  Z  R  L  R  C  P  E  E  B  U  T  L  N
T  R  D  D  P  X  Z  Y  E  U  I  E  A  S
R  S  T  R  Å  L  I  N  G  L  N  R  K  T
O  U  U  P  J  W  X  H  O  A  O  O  S  E
N  P  R  A  K  E  T  P  I  K  X  I  E  L
A  E  A  J  F  E  G  L  J  M  A  D  P  L
U  R  L  R  G  C  B  A  S  K  M  E  R  A
T  N  Z  X  S  O  S  N  J  O  T  E  Y  T
F  O  R  M  Ø  R  K  E  L  S  E  H  L  I
S  V  N  Q  D  I  U  T  N  M  T  S  V  O
Z  A  M  E  T  E  O  R  Z  O  Y  A  Q  N
A  S  T  R  O  N  O  M  D  S  O  L  E  I
```

ASTEROIDE	MÅNE
ASTRONAUT	METEOR
ASTRONOM	NEBULA
HIMMEL	PLANET
KONSTELLATION	STRÅLING
KOSMOS	SOL
FORMØRKELSE	SUPERNOVA
EQUINOX	JORD
RAKET	UNIVERS
GALAKSE	

15 - Types de Cheveux

V M O V G O P B B Y T J R F
K Y C Q C K U L Ø Z O Y E A
E W P S P R P O U L M S K R
S O R T K Ø I N J D G W O V
U K C L T L L D S Y R E R E
N R A A Ø L A I Ø A Å I T T
D Ø F L R E N T L H V I D B
E L L Z D T G Y V E D M P R
E L E H M E T Y N D K Q T U
E E T W V X T T W A I U F N
J R T S K I N N E N D E S X
A C E G U U J T I O G J I Y
H W T P S X L F Q A B B V K
K T W R B L Ø D N I L L M K

SØLV	KRØLLET
HVID	GRÅ
BLOND	LANG
KRØLLER	BRUN
SKINNENDE	TYND
SKALDET	SORT
FARVET	BØLGET
KORT	SUND
BLØD	TØR
TYK	FLETTET

16 - Restaurant #1

F P Y S U D R K Ø D G D I S
V L M E N U E R S X P E N E
Q A F R W B S Y X G O S G R
K D X V V R E D G Z N S R V
D E V I K Ø R R K Q L E E I
A F M E Ø D V E H N R R D T
K B A T K W A T A G I T I R
Y A D O K Y T K S B M V E I
L K S A E U I B A E G D N C
L O K S N E O G U F H W S E
I A Å M E H N T C W F A E T
N L L Q X R N F E T R E R L
G Z S F T S E A L L E R G I
K U Y I F C V R T B I R L T

ALLERGI   MENU
PLADE   MAD
SKÅL   BRØD
KAFFE   KYLLING
KASSERER   RESERVATION
KNIV   SAUCE
KØKKEN   SERVITRICE
DESSERT   SERVIET
KRYDRET   KØD
INGREDIENSER

17 - Mammifères

```
V K C M C W A D C J U F N G
P R Æ R I E U L V A T F V P
L Æ P N I E G D H B Z H F J
V V Y L G H U Q E E X U K Z
R I G Y K U U Q S L F Å R J
T L R O E N R K T H F N B C
H H S B R D C U Y V O I M E
K A N I N I U U R A L M N L
G I R A F K L X J L T L Q E
X J S N I A V L V K I H S F
D C D P P T K Ø A G G B U A
Z E B R A I N V M G E P I N
Y E V P B Æ R E E U R Z E T
K V O O B J E D V W Z A R J
```

HVAL	KANIN
KAT	LØVE
HEST	ULV
HUND	FÅR
PRÆRIEULV	BÆRE
DELFIN	RÆV
ELEFANT	ABE
GIRAF	TYR
GORILLA	TIGER
KÆNGURU	ZEBRA

18 - Sports

```
C B B V S H M M I G N S L M
S A A E I P C M F C R P A E
T S S M V N I I X H P I E S
A K E W D Æ D L N O E L G T
D E B C S T G E N L Q L X E
I T A D O M M E R D Y E G R
O B L G J G A T L E T R Y S
N A L O G Y M N A S I U M K
J L A L R U T V K N E X N A
X L C F H K E C Y K E L A B
H O C K E Y N B C O W C S R
T R Æ N E R N F P L W X T C
X K S P A J I G R X Y O I A
Y N J C Y I S L T O P S K P
```

DOMMER	GYMNASIUM
ATLET	GYMNASTIK
BASEBALL	HOCKEY
BASKETBALL	SPIL
MESTERSKAB	SPILLER
TRÆNER	BEVÆGELSE
HOLD	STADION
VINDER	TENNIS
GOLF	CYKEL

19 - Chocolat

```
Z R L M D K Z S X Z C N R K
N H M X U Q A H Ø N A R L A
G Y N D J P B L F D C M Æ R
A A R O M A R A O B A O K A
N E K S O T I S K R O V K M
T K O K O S N Ø D K I N E E
I N G R E D I E N S P E R L
O P S K R I F T H L U N R L
X T R A N G X B Z I L G M M
I M I I J V X I L K V U C Y
D F A V O R I T A F E F Z Q
A Z K V A L I T E T R Y P S
N S U K K E R E S M A G D P
T O F M E H P R S X H D A D
```

BITTER	EKSOTISK
ANTIOXIDANT	FAVORIT
AROMA	SMAG
SLIK	INGREDIENS
CACAO	KOKOSNØD
KALORIER	PULVER
KARAMEL	KVALITET
LÆKKER	OPSKRIFT
SØD	SUKKER
TRANG	

20 - Mathématiques

```
R E K T A N G E L T F F K J
E K S P O N E N T D I D I H
S T R T W C B O M K R E D S
X P D U O N L J K L K C M S
S U M Z P G B I B U A I G Y
D F V K P O L Y G O N M K M
D I Æ Y T R E K A N T A L M
W I B R Ø K B S Q R I L J E
Y A A G E O M E T R I N A T
B I I M D I V I S I O N G R
C J G H E P A R A L L E L I
T K A R I T M E T I K W U O
P A R A L L E L O G R A M V
V I N K L E R R A D I U S O
```

VINKLER	GEOMETRI
ARITMETIK	PARALLEL
FIRKANT	PARALLELOGRAM
OMKREDS	POLYGON
DECIMAL	RADIUS
DIAMETER	REKTANGEL
DIVISION	SUM
EKSPONENT	SFÆRE
LIGNING	SYMMETRI
BRØK	TREKANT

21 - Mythologie

M	A	G	I	S	K	R	I	G	E	R	L	S	X
S	Y	J	D	T	D	Ø	D	E	L	I	G	Y	E
H	L	C	A	Y	N	Z	G	Q	G	A	E	K	N
M	N	B	N	R	H	Æ	V	N	V	L	V	V	U
U	M	P	J	K	Q	N	X	W	K	Æ	S	M	O
P	K	Y	N	E	L	Y	U	V	W	G	S	H	W
L	A	B	Y	R	I	N	T	V	Y	N	A	E	Z
U	D	T	A	R	K	E	T	Y	P	E	G	L	N
H	F	X	H	Z	T	O	R	D	E	N	N	T	L
Y	Æ	S	O	J	A	L	O	U	S	I	G	E	P
R	R	D	T	A	T	K	U	L	T	U	R	G	Y
E	D	Y	J	H	J	S	K	A	B	E	L	S	E
U	D	Ø	D	E	L	I	G	H	E	D	E	D	M
J	Y	N	W	K	A	T	A	S	T	R	O	F	E

ARKETYPE	HELT
KATASTROFE	UDØDELIGHED
ADFÆRD	JALOUSI
SKABELSE	LABYRINT
VÆSEN	SAGN
TRO	MAGISK
KULTUR	UHYRE
LYN	DØDELIG
STYRKE	TORDEN
KRIGER	HÆVN

22 - Restaurant #2

```
K R Y D D E R I E R Q S U O
A G R Ø N T S A G E R C V V
G F U H C J T S Z I P M A T
E N U D L E R A L J S T N W
Z Æ S J G N C L Y P E F D V
W G A F F E L A Æ V W I S U
M K L E C R D T M K T S K K
G H T F O E D R I K K K E M
K I D H R N A X D F K E G N
O F Z Y N O H G D R X G R L
D K T I I X K C A U T X I L
D B D S T O L O G G E R N T
S U P P E P Y E S T M Z U L
K B T N X A B V A T X C E Z
```

DRIK	KAGE
STOL	IS
SKE	GRØNTSAGER
FROKOST	NUDLER
LÆKKER	ÆG
MIDDAG	FISK
VAND	SALAT
KRYDDERIER	SALT
GAFFEL	TJENEREN
FRUGT	SUPPE

23 - Couleurs

```
L Q Z M P S Q A M O U T L L
W C S G I V V T E F L Q I B
D I S M N V O J P V Z J L I
D Y L A D X W G H K K H L F
S H P G I F B E I G E D A Y
E O E E G G U O O R A N G E
P P R N O U Y C K Å M K L C
I Y G T P L Y D H H V I D R
A C Y A N A R Q J S M I P I
Z B K S D G R Ø N M I T I M
U Y L T F X V Q B C L A N S
R Q D Å B R U N S X T L K O
Y R E Y R B S Z K R Ø D F N
S Q E E R C B R C A Z J E R
```

AZUR	MAGENTA
BEIGE	BRUN
HVID	SORT
BLÅ	ORANGE
CRIMSON	PINK
CYAN	RØD
FUCHSIA	SEPIA
GRÅ	GRØN
INDIGO	LILLA
GUL	

24 - Avions

```
L X M C R C F B R Z D P P F
B A L L O N M R E S E R A Z
A R N R I H O I T C Q O S Z
U L L D A L T N N E H P S J
B D J P I L O T I N I E A M
H Ø J D E N R M N I M L G A
E N K V K L G A G P M L E N
W V A T M O S F Æ R E E R D
S A E E M T S V T E L R F S
L K O N S T R U K T I O N K
T U B U T N A V I G E R E A
P C F B C Y Y A Q M A Q V B
Q Y B T G B R Æ N D S T O F
H I S T O R I E M T Y C S W
```

LUFT	MANDSKAB
ATMOSFÆRE	HØJDE
LANDING	PROPELLER
EVENTYR	HISTORIE
BALLON	BRINT
BRÆNDSTOF	MOTOR
HIMMEL	NAVIGERE
KONSTRUKTION	PASSAGER
RETNING	PILOT

25 - Aventure

```
O A K T I V I T E T N N P M
V M Y R E J S E P L A N O U
E N T U S I A S M E N A D L
R F U A K X Q P A M E V E I
R A S S P U Z M A M N I S G
A R C K Æ P U D F L U G T H
S L H G Ø D E C U C O A I E
K I A L I N V R D N G T N D
E G N Æ V P H A H G R I A N
N K C D S N Y E N E I O T A
D P E E V F B U D L D N I T
E S I K K E R H E D I Q O U
W T Q R E J S E R R V G N R
V A N S K E L I G H E D K M
```

AKTIVITET	REJSEPLAN
SKØNHED	GLÆDE
TAPPERHED	NATUR
CHANCE	NAVIGATION
FARLIG	NY
DESTINATION	MULIGHED
VANSKELIGHED	SIKKERHED
ENTUSIASME	OVERRASKENDE
UDFLUGT	REJSER
USÆDVANLIG	

26 - Ville

```
A  L  J  O  I  A  Z  P  N  I  W  L  X  B
S  P  U  N  I  V  E  R  S  I  T  E  T  I
S  M  O  F  C  S  H  H  T  P  Z  S  R  B
R  U  G  T  T  D  G  S  A  L  O  N  E  L
S  S  P  H  E  H  B  O  D  R  O  F  S  I
K  E  K  E  A  K  A  B  I  B  H  W  T  O
O  U  L  R  R  R  N  V  O  A  M  U  A  T
L  M  I  Q  S  M  K  G  N  G  A  I  U  E
E  X  N  U  S  G  A  L  L  E  R  I  R  K
B  G  I  T  P  X  F  R  V  R  K  H  A  N
K  M  K  J  R  E  Q  L  K  I  E  O  N  P
B  O  G  H  A  N  D  E  L  E  D  T  T  C
N  F  P  M  T  E  A  T  E  R  D  E  J  L
A  B  I  O  G  R  A  F  V  G  U  L  N  W
```

LUFTHAVN	MARKED
BANK	MUSEUM
BIBLIOTEK	APOTEK
BAGERI	RESTAURANT
BIOGRAF	SALON
KLINIK	STADION
SKOLE	SUPERMARKED
GALLERI	TEATER
HOTEL	UNIVERSITET
BOGHANDEL	ZOO

27 - Cuisine

```
V F S P I S E P I N D E K Y
A O K D K E D E L I K L A O
W R Å O R R J H S X O C N E
K K L Q U V D K Z C P T D K
Ø L J S K I H Q K Q P J E R
L Æ Y C K E X C P B E N K Y
E D O H E T Y S A O R B N D
S E O P Z B V L V V M A I D
K V A F S J A E F N G J V E
A M V R S K G V G A F L E R
B M A D V F R Y S E R L T I
O A V D A H I I S K E E R E
Y E C V M Q L O F K H N E R
P R D G P E L Q X T X T I C
```

SPISEPINDE	GAFLER
SKÅL	GRILL
KEDEL	SLEV
FRYSER	MAD
KNIVE	KRUKKE
KANDE	OPSKRIFT
SKEER	KØLESKAB
KRYDDERIER	SERVIET
SVAMP	FORKLÆDE
OVN	KOPPER

28 - Corps Humain

```
E V Q C M S R Q Z D G B W N
C H O S Y N H V J C K U Y Z
G U J J M H O V E D N Æ S E
H D N E A F J R K L Æ J B S
B T R Y R E S E C V R D J K
A L B U E T G J R A N E G U
N F D Q T R E F I N G E R L
K Ø R E N V J L H S E H I D
E N K D H A L S A I P L K E
L Æ B E R K X V G G C A P R
M A V E D Æ J B E T S L D Q
U A X O W B Y V L X S J F C
N M Z J E E O G X O H Å N D
D T Q V K P Y E W G D M A V
```

MUND	LÆBER
HJERNE	HÅND
ANKEL	KÆBE
HALS	HAGE
ALBUE	NÆSE
HJERTE	ØRE
FINGER	HUD
MAVE	BLOD
SKULDER	HOVED
KNÆ	ANSIGT

29 - Épices

```
B G H C C D P X E F L I P X
K I Z Y H W Y S K E S M A G
J A T S A F F R O N P A P K
O I R T O T P I R N I N R A
D R N R E W Z N I I D I I N
N N R G Y R W G A K S S K E
V V C B P I Y E N E K A A L
W P P E B E R F D L O L V H
H V I D L Ø G Æ E D M T A W
K K L H S Ø A R R N M V N W
A P I J Y I G P Z X E M I J
H S L A K R I D S W N B L P
M U S K A T N Ø D J V E J S
Q R K A R D E M O M M E E V
```

SUR   INGEFÆR
HVIDLØG   MUSKATNØD
BITTER   LØG
ANIS   PAPRIKA
KANEL   PEBER
KARDEMOMME   LAKRIDS
KORIANDER   SAFFRON
SPIDSKOMMEN   SMAG
KARRY   SALT
FENNIKEL   VANILJE

30 - Science

```
P A R T I K L E R S H X K U
F A K T U M T X K B J P E D
T L A B O R A T O R I U M V
N Y M O L E K Y L E R E I I
A P N K A T O M I C Q W S K
T Y K G V Q M D F Y S I K L
U L L T D D P L A N T E R I
R A O B S E R V A T I O N N
K L I M A B K W S Z A G N G
T H E K S P E R I M E N T M
M V M E T O D E A Z T C O C
O R G A N I S M E F Y U O V
F O S S I L H Y P O T E S E
M I N E R A L E R J S I Z F
```

ATOM	LABORATORIUM
KEMISK	METODE
KLIMA	MINERALER
DATA	MOLEKYLER
EKSPERIMENT	NATUR
UDVIKLING	OBSERVATION
FAKTUM	ORGANISME
FOSSIL	PARTIKLER
TYNGDEKRAFT	FYSIK
HYPOTESE	PLANTER

31 - Chats

```
J H S K Ø R V P O T E I P U
U P K O C R B E N S B X E A
H A L E V H O L I L L E R F
O Z K R B E F S M I Y H S H
X K C K Y M N C C G Y L O Æ
M N Y S G E R R I G Q D N N
K R Y T R G L I Z D Z H L G
P D H W T V A E P P R W I I
A N M U S Y K E G G L T G G
Z I K Æ R L I G S E B V H Q
J Æ G E R T L I J H N K E G
K J A T O T I N O W X D D M
I C R K L O U G V I L D E P
Z R N D A G E N E R T K W A
```

KÆRLIG	UAFHÆNGIG
JÆGER	POTE
NYSGERRIG	PERSONLIGHED
SOVE	LILLE
SJOV	HALE
LEGENDE	HURTIG
GARN	VILD
SKØR	MUS
PELS	GENERT
KLO	

32 - Vêtements

```
D  H  A  N  D  S  K  E  R  J  P  S  K  O
B  A  I  S  K  J  O  R  T  E  Y  A  H  J
F  L  V  Y  B  F  V  O  C  A  J  N  T  A
T  S  U  W  S  U  Q  X  D  N  A  D  I  K
Ø  K  B  S  N  S  K  A  L  S  M  A  H  K
R  Æ  Æ  W  E  R  J  S  D  R  A  L  A  E
K  D  L  E  D  O  R  Z  E  K  S  E  T  K
L  E  T  A  E  M  O  D  E  R  J  R  N  X
Æ  W  E  T  R  F  R  A  K  K  E  E  U  V
D  V  X  E  D  M  F  O  R  K  L  Æ  D  E
E  G  C  R  E  M  B  W  W  G  M  E  M  S
A  K  J  O  L  E  H  Å  V  Q  O  P  X  Y
F  A  Y  J  Q  S  I  K  N  X  C  A  P  T
B  N  C  V  O  N  H  J  I  D  I  D  V  N
```

ARMBÅND	NEDERDEL
BÆLTE	FRAKKE
HAT	MODE
SKO	BUKSER
SKJORTE	SWEATER
BLUSE	PYJAMAS
HALSKÆDE	KJOLE
TØRKLÆDE	SANDALER
HANDSKER	FORKLÆDE
JEANS	JAKKE

33 - Arts Visuels

```
P  S  P  M  S  K  U  L  P  T  U  R  B  K
E  X  O  S  E  O  F  D  C  N  G  Q  L  U
R  D  R  T  J  S  T  E  N  C  I  L  Y  N
S  R  T  A  R  C  T  M  Z  L  L  L  A  S
P  Q  R  F  T  P  J  E  A  Z  E  A  N  T
E  K  Æ  F  R  W  T  H  R  L  R  K  T  N
K  E  T  E  Æ  E  P  E  N  V  E  O  F  E
T  R  E  L  K  V  J  K  D  R  Æ  R  W  R
I  A  N  I  U  H  O  Q  V  B  H  R  I  R
V  M  F  I  L  M  O  K  N  N  A  K  K  K
K  I  C  G  W  L  I  R  S  N  T  M  K  H
G  K  S  X  A  R  K  I  T  E  K  T  U  R
Q  A  L  N  N  K  O  D  K  W  N  O  W  R
Q  W  S  K  R  E  A  T  I  V  I  T  E  T
```

ARKITEKTUR	KREATIVITET
LER	FILM
KUNSTNER	MALERI
KERAMIK	PERSPEKTIV
TRÆKUL	STENCIL
MESTERVÆRK	PORTRÆT
STAFFELI	SKULPTUR
VOKS	PEN
KRIDT	LAK
BLYANT	

34 - Méditation

```
W B S I N D F T U T M O L T
V E N L I G H E D A E A X Q
F V O M B J L F W N D Q V A
Ø Æ P B S V S D V K F R E D
L G M R S P Å V A E Ø O J B
E E Æ M S E K G N R L L R W
L L R E U R R L E A E I T K
S S K N S S N V R N L G R L
E E S T T P I H A A S K Æ A
R R O A I E T K C T E I K R
J X M L L K L R C U I P N H
Q T H F H T Q Z E R F O I E
V R E U E I Y I P E H Z N D
E D D G D V G E T B B R G W
```

ACCEPT	MENTAL
OPMÆRKSOMHED	BEVÆGELSE
ROLIG	MUSIK
KLARHED	NATUR
MEDFØLELSE	OBSERVATION
SIND	FRED
FØLELSER	TANKER
VÅGEN	PERSPEKTIV
VENLIGHED	VEJRTRÆKNING
VANER	STILHED

35 - Littérature

```
F  F  O  R  F  A  T  T  E  R  B  Q  I  Z
A  N  A  L  Y  S  E  E  M  G  E  Y  Z  K
A  N  E  K  D  O  T  E  E  J  S  Q  V  O
G  U  F  L  R  P  X  O  A  F  K  T  D  N
R  D  I  A  L  O  G  H  N  O  R  J  I  K
N  Y  K  N  T  E  M  A  W  R  I  M  G  L
H  A  T  N  M  T  L  A  I  T  V  W  T  U
R  B  I  M  G  I  M  N  N  Æ  E  A  D  S
P  B  O  B  E  S  C  A  U  L  L  B  O  I
W  E  N  Z  M  K  Y  L  T  L  S  P  P  O
M  E  T  A  F  O  R  O  D  E  E  Z  Q  N
S  U  W  J  C  A  S  G  P  R  K  O  R  H
A  D  L  N  R  N  B  I  O  G  R  A  F  I
S  A  M  M  E  N  L  I  G  N  I  N  G  U
```

ANALOGI	METAFOR
ANALYSE	FORTÆLLER
ANEKDOTE	DIGT
FORFATTER	POETISK
BIOGRAFI	RIM
SAMMENLIGNING	ROMAN
KONKLUSION	RYTME
BESKRIVELSE	STIL
DIALOG	TEMA
FIKTION	

36 - Nourriture #1

```
F  Y  F  P  S  P  I  N  A  T  S  S  L  B
W  K  X  W  K  A  Z  C  H  N  A  S  E  O
M  A  J  R  O  E  F  I  M  Æ  L  K  F  O
S  U  K  K  E  R  G  T  K  R  A  D  A  N
U  J  K  A  F  F  E  R  V  H  T  O  G  A
P  K  O  A  J  F  B  O  I  O  A  X  V  C
P  J  A  R  Y  I  S  N  V  J  H  K  N  Y
E  A  D  N  D  G  Y  J  S  G  V  T  G  M
K  V  R  E  E  B  A  S  I  L  I  K  U  M
Ø  C  L  X  Z  L  Æ  P  P  Ø  D  U  L  E
D  Y  E  Q  R  D  B  R  C  G  L  M  E  W
Y  B  I  I  Q  G  H  L  X  Q  Ø  I  R  O
B  J  B  J  K  H  V  C  B  Y  G  F  O  Y
N  P  Æ  R  E  S  A  L  T  T  U  N  D  C
```

HVIDLØG	MAJROE
BASILIKUM	LØG
KAFFE	BYG
KANEL	PÆRE
GULEROD	SALAT
CITRON	SALT
SPINAT	SUPPE
JORDBÆR	SUKKER
SAFT	TUN
MÆLK	KØD

37 - Jours et Mois

```
O O T N B D M N F V E M H Q
C X K O O I Å X K A U D U V
S K J N R V N L Ø R D A G R
R N U S S S E J U N I X T D
W U K D E F D M M A R T S G
U C A A P E O A B A P R I L
A G L G T B K N G E S F W Z
U T E B E R T D K D R F J D
G I N S M U O A S Ø N D A G
U R D R B A B G U Q K B N J
S S E F E R E J U L I Z U T
T D R F R F R E D A G V A L
U A Z I U R R N N C K L R Q
P G H A Y Y J B Z D I W B R
```

AUGUST	TIRSDAG
APRIL	MARTS
KALENDER	ONSDAG
SØNDAG	MÅNED
FEBRUAR	NOVEMBER
JANUAR	OKTOBER
TORSDAG	LØRDAG
JULI	UGE
JUNI	SEPTEMBER
MANDAG	FREDAG

38 - Championnat

```
C D O M M E R E L H N F D K
S H P I H I B N I K O N Z D
V P A A W N D D G H V L F Z
E W O M M K O A G L E D D
D S X R P Y S T R A T E G I
R E C N T I F I N A L I S T
X J A R Y W O E I P A E P U
A R Y Z E X P N T U L A I R
M E D A L J E U R B D U L N
K K E O J K I S Æ D I T U E
L H E D K B E G N U B M T R
A U V E O X O E E U B F Y I
T Z N N K M V W R O H T Z N
V M E S T E R S K A B S N G
```

CHAMPION	MEDALJE
MESTERSKAB	YDEEVNE
TRÆNER	SPORT
HOLD	STRATEGI
FINALIST	TURNERING
SPIL	SVED
DOMMER	SEJR
LIGA	

39 - Pirates

```
F D N P D K O R T Ø O U Z S
A L D C O K A O S G N B I X
R D A Å S H Q P S W P M J A
E N M G R U Q A T O C E A N
G G G U O L S P R A B V B K
G Y P L M E I E A C J E G E
X E R D R S S G N X G N A R
V T T S N K R Ø D X Z T T S
D K M K U A N J D K I Y X A
P D Ø T Q T A E S V Æ R D G
M A N D S K A B S N Q R L N
P H T S O G P V E Y X A W B
O S E X O C H A N V M S C N
P M R K D E H W C F F W M L
```

ANKER	SAGN
EVENTYR	DÅRLIG
KAPTAJN	OCEAN
KORT	GULD
AR	PAPEGØJE
FARE	MØNTER
FLAG	STRAND
SVÆRD	ROM
MANDSKAB	SKAT
HULE	

40 - Activités

```
B  A  F  W  H  X  M  M  S  K  S  S  Y  F
V  C  O  A  J  Å  M  Y  L  U  H  Y  M  Æ
K  A  R  J  S  F  N  Y  G  N  A  N  V  R
Z  M  N  G  A  Y  U  D  U  S  V  I  L  D
X  P  Ø  D  F  G  I  L  V  T  E  N  V  I
X  I  J  M  R  B  T  W  L  Æ  A  G  F  G
X  N  E  Y  I  I  S  M  Æ  G  R  K  I  H
D  G  L  Z  T  L  N  A  S  T  B  K  S  E
S  J  S  R  I  B  C  G  N  K  E  V  K  D
P  E  E  J  D  A  M  I  I  F  J  J  E  L
I  K  E  R  A  M  I  K  N  V  D  T  R  H
L  L  B  G  E  X  X  A  G  V  E  B  I  R
F  O  T  O  G  R  A  F  E  R  I  N  G  E
A  V  U  Q  E  P  P  T  M  A  L  E  R  I
```

KUNST	LÆSNING
HÅNDVÆRK	FRITID
CAMPING	MAGI
KERAMIK	MALERI
JAGT	FISKERI
FÆRDIGHED	FOTOGRAFERING
SYNING	FORNØJELSE
HAVEARBEJDE	VANDRING
SPIL	

41 - Fleurs

```
T Y B T U L I P A N N L K M
V Q A U L I L L A N A I G A
A P Å S K E L I L J E L A G
L Æ D W S E Y M W Z C J R N
M O F A C C T B L N B E D O
U N T H I P H O R K I D E L
E Q S E R S Q J P O R K N I
O H O X U A Y Y C E S M I A
L J L L A V E N D E L E A A
P A S S I O N F L O W E R X
I S I M Æ L K E B Ø T T E B
O M K L Ø V E R G E L Q P A
G I K J Q O K R O N B L A D
G N E H I B I S C U S T I F
```

BUKET	ORKIDE
GARDENIA	PASSIONFLOWER
HIBISCUS	VALMUE
JASMIN	KRONBLAD
PÅSKELILJE	MÆLKEBØTTE
LAVENDEL	PÆON
LILLA	ROSE
LILJE	SOLSIKKE
MAGNOLIA	KLØVER
DAISY	TULIPAN

42 - Nourriture #2

```
S  K  I  N  K  E  S  E  D  Y  E  F  E  B
H  E  K  S  S  D  V  K  Y  L  L  I  N  G
B  V  L  V  Æ  A  A  N  F  T  Z  S  B  B
B  G  E  L  W  G  M  B  Y  L  K  K  R  R
M  A  N  D  E  L  P  E  O  J  I  I  O  Ø
A  A  U  B  E  R  G  I  N  E  R  W  C  D
N  L  G  J  P  B  I  T  Q  H  S  I  C  T
G  C  H  O  K  O  L  A  D  E  E  Y  O  O
O  G  Q  D  Æ  B  L  E  Z  A  B  L  L  M
V  X  V  R  F  A  B  E  N  M  Æ  E  I  A
G  N  W  U  V  N  K  S  G  Q  R  L  H  T
H  A  L  E  X  A  C  X  F  M  S  S  E  V
A  L  O  U  U  N  L  A  S  D  P  P  V  M
Z  J  Z  X  Q  G  H  M  R  I  S  H  D  F
```

MANDEL	KIWI
AUBERGINE	MANGO
BANAN	ÆG
HVEDE	BRØD
BROCCOLI	FISK
KIRSEBÆR	ÆBLE
SELLERI	KYLLING
SVAMP	DRUE
CHOKOLADE	RIS
SKINKE	TOMAT

43 - Océan

```
H  D  I  S  K  I  L  D  P  A  D  D  E  B
S  T  O  R  M  B  Å  D  E  S  W  W  F  L
V  A  N  D  M  A  N  D  C  L  C  P  I  Æ
M  D  L  H  X  K  X  E  Q  S  F  E  S  K
H  A  J  T  I  J  B  X  V  W  R  I  K  S
V  U  I  G  C  K  E  V  U  E  S  U  N  P
A  K  R  B  Q  R  Y  W  M  T  O  U  Y  R
L  K  H  Ø  T  A  T  E  P  C  M  P  U  U
T  U  N  L  L  B  Z  S  Ø  D  E  T  X  T
T  T  N  G  J  B  L  H  S  V  A  M  P  T
K  V  R  E  R  E  J  E  T  B  N  V  G  E
F  I  G  R  E  V  N  P  E  K  T  A  N  G
M  A  X  Z  V  H  Q  O  R  V  Å  T  Q  N
K  O  R  A  L  L  X  R  S  W  B  L  G  T
```

TANG	VANDMAND
ÅL	FISK
HVAL	BLÆKSPRUTTE
BÅD	HAJ
KORAL	REV
KRABBE	SALT
REJE	STORM
DELFIN	TUN
SVAMP	SKILDPADDE
ØSTERS	BØLGER

44 - Remplir

```
B K U R V A S E H J R X Y F
A A K U F F E R T E Y Ø F O
S R W H V O K Y K E Y R R L
S T B X N L L R C V R M B D
I O D P L W A J M R Z O M E
N N O T Ø N D E J P F X B R
N A P A K K E K R U K K E I
F J I S K U F F E O F D L U
L B O K S Y V C F L O S Z R
A K B E I S U E A T L O U X
S P A N D B N I R L O M K F
K S K S Y G V Z G T M F A R
E N K Z S H E P I S M E U X
R M E Q P E Z N Z C E K E G
```

TØNDE	BAKKE
BASSIN	LOMME
BOKS	KRUKKE
FLASKE	TASKE
KASSE	SPAND
KARTON	SKUFFE
FOLDER	RØR
KUVERT	KUFFERT
KURV	VASE
PAKKE	

45 - Ballet

```
G S O L O D Q K U E V U U K
E Y S N I A O O V D O G D J
N N O S B N F R O J R T T K
E D C T A S I E Y M K G R U
R E Y I L E N O H P E B Y N
A F F L L R T G M U S I K S
L U I Æ E E E R E B T F S T
P L A W R S N A E L E A F N
R D Z G I D S F K I R L U E
Ø T F K N V I I L K Y D L R
V E N C A X T G E U T J D I
E M U S K L E R H M M O E S
I T S G E S T U S E E Z H K
K O M P O N I S T U D A R W
```

BIFALD	INTENSITET
KUNSTNERISK	MUSKLER
BALLERINA	MUSIK
KOREOGRAFI	ORKESTER
FÆRDIGHED	PUBLIKUM
KOMPONIST	GENERALPRØVE
DANSERE	RYTME
UDTRYKSFULDE	SOLO
GESTUS	STIL
YNDEFULD	

46 - Fruit

```
O  G  N  M  R  U  M  P  B  O  J  V  X  R
K  R  L  K  G  F  E  A  Æ  A  W  V  V  X
J  X  A  X  K  D  L  P  R  R  Y  R  P  H
K  L  C  N  G  R  O  A  X  B  E  N  E  I
A  O  R  Y  G  U  N  Y  M  A  N  G  O  N
B  A  N  A  N  E  A  A  A  B  E  C  V  D
S  H  M  H  P  F  A  V  H  R  K  I  U  B
F  E  R  S  K  E  N  T  A  I  T  T  W  Æ
I  A  V  O  C  A  D  O  H  K  A  R  X  R
G  F  K  W  S  D  C  F  N  O  R  O  G  B
D  F  I  A  N  A  N  A  S  S  I  N  F  N
M  X  W  G  X  S  I  V  W  P  N  E  F  N
J  K  I  R  S  E  B  Æ  R  E  G  Y  C  S
M  Æ  B  L  E  N  Y  O  C  R  E  V  E  L
```

ABRIKOS	KIWI
ANANAS	MANGO
AVOCADO	MELON
BÆR	NEKTARIN
BANAN	ORANGE
KIRSEBÆR	PAPAYA
CITRON	FERSKEN
FIG	PÆRE
HINDBÆR	ÆBLE
GUAVA	DRUE

47 - Surf

V Z E F Q T S T Y R K E P C
S E P K M Z T T W J W Z O H
T K J W S A I B Ø L G E P A
R G Z R K T L O G X O C U M
A U K E U F R C Y T T N L P
N R B V M A V E D C Z Z Æ I
D X J V C F K A M F Q U R O
C M Q D C P K N U Z S A A N
P A D L E A T L E T S I D P
B E G Y N D E R M C V J S B
H A S T I G H E D P V O O A
T T M C B Y U V P W Y M Q V
F X K G Q F B Z Q O E Y W N
Q A C H K D Q G I A U T I U

SJOV
ATLET
CHAMPION
BEGYNDER
MAVE
EKSTREM
STYRKE
VEJR
SKUM

OCEAN
PADLE
STRAND
POPULÆR
REV
STIL
BØLGE
HASTIGHED

48 - Technologie

```
D  B  Y  S  K  Æ  R  M  I  D  D  V  S  F
I  L  F  I  L  K  R  H  B  A  Y  I  O  O
G  O  L  K  C  O  M  P  U  T  E  R  F  R
I  G  K  K  P  D  C  V  R  A  U  T  T  S
T  R  B  E  S  K  E  D  I  S  Z  U  W  K
A  M  A  R  K  Ø  R  H  Z  R  D  E  A  N
L  S  P  H  O  X  O  V  E  J  U  L  R  I
K  S  Y  E  H  W  S  L  O  F  T  S  E  N
A  K  A  D  S  M  S  I  R  N  G  F  A  G
M  G  E  G  I  N  T  E  R  N  E  T  M  D
E  K  B  U  V  M  Y  L  R  P  M  C  W  C
R  Y  S  S  T  A  T  I  S  T  I  K  O  Q
A  H  X  J  N  S  N  B  Y  T  E  S  V  U
F  O  N  T  K  V  Z  C  O  O  W  M  M  P
```

BLOG	DIGITAL
KAMERA	BYTES
MARKØR	COMPUTER
DATA	FONT
SKÆRM	FORSKNING
FIL	SIKKERHED
INTERNET	STATISTIK
SOFTWARE	VIRTUEL
BESKED	VIRUS
BROWSER	

49 - Météo

```
R R O E A T M O S F Æ R E T
E T B B I Ø Ø J E C T E G O
H R O I N R P R O L I G V R
T O R D E N L D K Z W N I N
H P Y W V X W Y L E U B K A
H I M M E L A P I F K U R D
T S F V A K H K M P K E D O
Å K J I S C S Y A O R K A N
G M O N S U N T I L S B S N
E O H D H B L J O A N B H C
J N H K N R V V K R Z J V S
K Q Q L U I M J P O M G V E
J C Y T R S J S K Y C P S C
P B K B T E M P E R A T U R
```

REGNBUE	ORKAN
ATMOSFÆRE	POLAR
BRISE	TØR
TÅGE	TØRKE
ROLIG	TEMPERATUR
HIMMEL	STORM
KLIMA	TORDEN
IS	TORNADO
MONSUN	TROPISK
SKY	VIND

50 - Châteaux

R	Q	J	D	L	K	F	Æ	S	T	N	I	N	G	
U	L	H	R	Y	O	S	V	Æ	R	D	R	O	K	
S	I	V	A	Y	N	P	M	C	J	R	I	G	P	
T	V	Æ	G	Q	G	A	J	Y	E	X	D	X	U	
N	G	P	E	R	E	L	S	D	P	I	D	L	U	
I	X	T	E	M	R	A	U	T	R	L	E	Z	A	
N	E	S	M	S	I	D	G	N	I	K	R	I	Z	
G	P	V	M	K	G	S	O	F	N	A	N	M	S	
U	Y	A	X	J	E	U	H	E	S	T	A	P	P	
Q	C	K	R	O	N	E	M	U	E	A	Å	E	R	
A	E	Q	D	L	N	W	V	D	S	P	K	R	I	
G	B	U	N	D	X	D	M	A	S	U	Q	I	N	
Æ	D	E	L	H	D	X	K	L	E	L	V	U	S	
E	N	H	J	Ø	R	N	I	N	G	T	V	M	U	

RUSTNING
SKJOLD
KATAPULT
HEST
RIDDER
KRONE
DRAGE
DYNASTI
IMPERIUM
SVÆRD

FEUDAL
FÆSTNING
ENHJØRNING
VÆG
ÆDEL
PALADS
PRINS
PRINSESSE
KONGERIGE
TÅRN

51 - Randonnée

N	P	B	U	K	L	I	M	A	H	S	N	Q	B
A	B	J	S	L	A	Q	X	O	M	S	T	E	N
T	R	E	W	I	Y	P	G	J	D	R	F	C	F
U	W	R	N	N	K	A	W	Q	D	Y	A	C	O
R	X	G	B	T	S	T	Ø	V	L	E	R	W	R
U	X	W	S	X	V	O	C	I	F	G	E	D	B
I	P	A	C	W	A	E	L	L	K	O	R	T	E
R	A	M	R	V	O	Y	K	D	U	I	T	H	R
O	R	I	E	N	T	E	R	I	N	G	O	P	E
Z	K	U	V	P	V	C	T	R	Æ	T	P	Q	D
Z	E	G	T	H	V	E	J	R	G	Z	M	V	E
I	R	T	K	U	A	O	X	P	Y	K	Ø	Z	L
C	A	M	P	I	N	G	B	T	W	R	D	H	S
E	W	U	V	R	D	G	N	Y	P	Y	E	E	E

DYR	VEJR
STØVLER	BJERG
CAMPING	NATUR
KORT	ORIENTERING
KLIMA	PARKER
FARER	STEN
VAND	FORBEREDELSE
KLINT	VILD
TRÆT	SOL
TUNG	TOPMØDE

52 - Meubles

```
O  N  S  X  G  X  H  A  A  S  H  K  T  Q
S  L  A  M  P  E  Æ  R  E  O  L  P  Æ  N
L  P  X  T  U  L  N  M  K  I  F  U  P  W
A  Z  E  D  D  Æ  G  O  O  L  A  D  P  Y
J  B  I  J  E  N  E  I  M  N  L  E  E  G
C  O  U  C  L  E  K  R  M  U  F  R  D  G
M  A  D  R  A  S  Ø  E  O  S  E  N  G  A
K  M  I  L  C  T  J  F  D  H  V  Q  Q  R
G  W  Y  E  J  O  E  U  E  Y  T  F  T  D
B  C  T  P  J  L  V  T  J  L  O  L  Z  I
S  K  R  I  V  E  B  O  R  D  S  K  Y  N
S  O  F  A  I  S  Æ  N  G  E  T  T  D  E
F  S  J  X  P  C  N  H  I  R  Q  M  O  R
J  M  V  Q  P  B  K  L  T  A  J  C  Y  L
```

ARMOIRE	FUTON
BÆNK	HÆNGEKØJE
REOL	LAMPE
SKRIVEBORD	SENG
SOFA	MADRAS
STOL	SPEJL
KOMMODE	PUDE
PUDER	GARDINER
HYLDER	TÆPPE
LÆNESTOL	

53 - Art

```
S  R  O  M  E  M  N  E  H  Æ  K  N  W  O
K  I  D  A  P  M  G  A  P  U  R  P  T  Q
I  N  H  L  U  Q  G  F  P  O  M  L  G  N
L  S  K  E  R  A  M  I  S  K  E  Ø  I  E
D  I  A  R  C  C  F  E  G  B  G  S  R  G
R  M  E  I  O  R  I  G  I  N  A  L  I  Y
E  P  G  E  P  D  G  V  I  S  U  E  L  T
U  E  M  R  R  A  U  D  T  R  Y  K  I  G
H  L  R  S  U  R  R  E  A  L  I  S  M  E
I  N  S  P  I  R  E  R  E  T  S  R  K  S
S  K  U  L  P  T  U  R  D  D  K  D  O  I
K  O  M  P  L  E  K  S  K  T  A  P  B  I
S  Y  M  B  O  L  W  D  X  M  B  Z  F  A
P  E  R  S  O  N  L  I  G  U  E  D  B  S
```

KERAMISK	MALERIER
KOMPLEKS	PERSONLIG
SKABE	POESI
SKILDRE	SKULPTUR
UDTRYK	SIMPEL
FIGUR	EMNE
ÆRLIG	SURREALISME
HUMØR	SYMBOL
INSPIRERET	VISUEL
ORIGINAL	

54 - Nutrition

```
W  L  H  E  K  W  O  Z  B  S  U  N  D  A
P  P  H  U  Q  A  R  Q  S  A  D  B  J  F
B  V  V  P  D  D  L  T  G  U  A  I  P  B
N  V  Æ  S  K  E  R  O  Æ  C  A  T  K  A
V  E  G  P  O  E  L  K  R  E  P  T  V  L
M  B  T  O  R  A  T  S  I  I  P  E  A  A
S  L  T  Z  K  O  O  I  N  S  E  R  L  N
P  U  Z  J  I  K  T  N  G  M  T  R  I  C
I  N  N  O  S  K  I  E  A  A  I  L  T  E
S  B  Z  D  W  R  I  K  I  G  T  H  E  R
E  X  F  F  H  J  Z  O  I  N  B  E  T  E
L  I  I  G  U  E  Q  S  R  O  E  F  R  T
I  G  Y  N  Z  W  D  T  L  F  I  R  L  V
G  F  O  R  D  Ø  J  E  L  S  E  A  F  J
```

BITTER	VÆGT
APPETIT	PROTEINER
KALORIER	KVALITET
SPISELIG	SUND
KOST	SUNDHED
FORDØJELSE	SAUCE
AFBALANCERET	SMAG
GÆRING	TOKSIN
VÆSKER	

55 - Science Fiction

```
C  I  O  K  A  T  O  M  A  R  F  U  A  B
O  R  A  C  L  E  A  Y  V  I  A  T  H  I
S  Y  C  I  L  L  U  S  I  O  N  M  Y  O
B  C  P  L  A  N  E  T  E  D  T  N  S  G
Q  M  E  T  C  X  R  I  L  D  A  Q  E  R
B  O  G  N  G  H  E  S  T  F  S  F  K  A
R  P  E  M  A  I  A  K  O  V  T  E  S  F
A  Q  D  R  L  R  L  I  K  E  I  K  P  N
N  F  I  M  A  G  I  N  Æ  R  S  S  L  F
D  P  W  N  K  F  S  E  A  D  K  T  O  U
D  X  W  A  S  H  T  E  I  E  H  R  S  I
R  B  Ø  G  E  R  I  O  L  N  G  E  I  E
F  U  T  U  R  I  S  T  I  S  K  M  O  L
U  T  O  P  I  W  K  F  G  T  O  R  N  A
```

ATOMAR	IMAGINÆR
BIOGRAF	BØGER
EKSPLOSION	VERDEN
EKSTREM	MYSTISK
FANTASTISK	ORACLE
BRAND	PLANET
FUTURISTISK	REALISTISK
GALAKSE	SCENARIE
ILLUSION	UTOPI

56 - Vertus #1

E A K W D T B F T P G V J P
P F X U P Y C H H A W O E E
Å G F Z N B C M Z T L N D Z
L Ø P E L S J O V I G U Z T
I R P S K K T P P E A K H R
D E A D B T G N Y N E B M M
E N M T N Y I A E T K L O G
L D W B F R M V B R S U D P
I E P R A K T I S K I R E N
G U A F H Æ N G I G K S D Q
N Y S G E R R I G W K M K V
V V Z C H A R M E R E N D E
G E N E R Ø S V J D R L J L
L I D E N S K A B E L I G D

KUNSTNERISK
GODT
CHARMERENDE
SIKKER
NYSGERRIG
AFGØRENDE
SJOV
EFFEKTIV

PÅLIDELIG
GENERØS
UAFHÆNGIG
LIDENSKABELIG
PATIENT
PRAKTISK
REN
KLOG

57 - Professions #1

```
L U R Y K U N S T N E R B G
B A N K M A N D B K X P L Z
I H P S Y K O L O G Y I I A
A S T R O N O M Q Y Z A K H
J Q R E D A K T Ø R H N K P
L Æ G E D Y R L Æ G E I E B
T C G U L D S M E D D S N R
R R M E Z A D V O K A T S A
Æ V I H R N M E T D L B L N
N A M B A S S A D Ø R C A D
E M B T G E O L O G T G G M
R K R K A R T O G R A F E A
H T E F X H M U S I K E R N
S Y G E P L E J E R S K E D
```

AMBASSADØR	REDAKTØR
KUNSTNER	GEOLOG
ASTRONOM	SYGEPLEJERSKE
ADVOKAT	LÆGE
BANKMAND	MUSIKER
GULDSMED	PIANIST
KARTOGRAF	BLIKKENSLAGER
JÆGER	BRANDMAND
DANSER	PSYKOLOG
TRÆNER	DYRLÆGE

58 - Géologie

```
K V G O P Y K L F S Y R E P
R O U E V S H A G M E E W L
Y Q N L J A I V S E K M S A
S J T T K S F A T L R J M T
T H B S I A E V A T P S I E
A H U L E N N R L E C A N A
L O K Z G Z E F A T A L E U
L F O S S I L N K S L T R E
E M R Z O N E Z T T C L A G
R B A W K H F K I E I G L S
O H L B X X M J T N U A E Z
K V A R T S D W M L M N R N
A W E O H Y C G B O E G M D
C E R O S I O N D D K I O E
```

SYRE	GEJSER
CALCIUM	LAVA
HULE	MINERALER
KONTINENT	STEN
KORAL	PLATEAU
LAG	KVARTS
KRYSTALLER	SALT
EROSION	STALAKTIT
SMELTET	VULKAN
FOSSIL	ZONE

59 - Cirque

```
S D H M J S O S M L X O W T
P I V A D O L Z B S A S M I
E A I G X L N B H W C V K L
K L S I W V Ø G Q O K G T S
T B E X S I D V L M A E E K
A B E F S L I K E Ø P X L U
K W U P A R A D E R R I T E
U D Y R K N B I L L E T Z R
L E S I R R T K O S T U M E
Æ C B L O X A T I G E R F H
R N E B B A L L O N E R J Y
C T I W A K L O V N T I R H
C C Y S T U H V Y K T U L U
M U S I K P U O A W S S A Q
```

AKROBAT	MAGI
DYR	VISE
BALLONER	MUSIK
BILLET	PARADE
SLIK	ABE
KLOVN	SPEKTAKULÆR
KOSTUME	TILSKUER
ELEFANT	TELT
JONGLØR	TIGER
LØVE	

60 - Jardin

```
N  F  R  U  G  T  H  A  V  E  Q  M  C  S
W  W  D  U  K  R  U  D  T  I  D  T  X  Z
D  H  J  H  Q  H  Æ  N  G  E  K  Ø  J  E
B  Y  T  E  R  R  A  S  S  E  D  T  R  Æ
U  Æ  O  G  Y  Q  T  K  P  G  R  Æ  S  M
S  S  N  N  X  S  D  O  S  L  A  N  G  E
U  Q  T  K  R  H  A  V  E  J  Æ  P  A  V
B  L  O  M  S  T  M  L  H  O  Q  N  D  I
T  R  A  M  P  O  L  I  N  R  W  A  E  N
J  R  O  Z  B  V  D  N  T  D  D  Y  R  S
L  Y  G  V  U  D  W  V  W  R  A  R  I  T
Z  N  L  W  S  G  L  D  W  I  Y  N  Y  O
H  T  M  T  K  W  Z  U  V  V  R  P  J  K
G  A  R  A  G  E  P  M  M  E  K  V  H  H
```

TRÆ	UKRUDT
BÆNK	SKOVL
BUSK	GRÆSPLÆNE
HEGN	RIVE
DAM	JORD
BLOMST	TERRASSE
GARAGE	TRAMPOLIN
HÆNGEKØJE	SLANGE
GRÆS	FRUGTHAVE
HAVE	VINSTOK

61 - Barbecues

K R G F R O K O S T L Ø G R
S Y K R R S A U C E F A B K
A M L S I U M U S I K C N F
L I G L C L G S U L T Z E J
T D R I I K L T S O M M E R
O D Ø I Z N N H A F B U G B
M A N T J U G K L A D K W Y
A G T D Z I V N A M W G K M
T G S P I L S I T I S W F N
E J A H Q V V V E L J H S B
R U G L P E B E R I L Q H Q
Z M E K E G Ø O J E W K E S
V L R T B W R Q T Y Y P D G
C X P C M N N Z C N D P D I

HED	SPIL
KNIVE	GRØNTSAGER
FROKOST	MUSIK
MIDDAG	LØG
BØRN	PEBER
SOMMER	KYLLING
SULT	SALATER
FAMILIE	SAUCE
FRUGT	SALT
GRILL	TOMATER

62 - Anniversaire

```
J  V  I  S  D  O  M  F  Ø  D  T  Y  K  G
Y  M  F  J  N  H  G  I  L  H  A  L  A  N
I  L  L  O  N  K  M  G  X  T  H  J  L  J
D  N  R  V  B  Q  I  Å  Z  I  N  S  E  B
D  A  V  E  N  N  E  R  S  D  F  P  N  F
V  Q  G  I  M  N  O  M  Z  Æ  W  O  D  E
T  U  A  I  T  K  O  J  Q  P  R  L  E  S
Z  Q  V  U  S  A  N  G  L  A  D  L  R  T
Y  P  E  N  B  G  T  I  X  Z  R  P  I  H
O  T  U  G  H  E  A  I  A  K  O  R  T  G
H  O  K  E  J  D  I  Q  O  D  Z  F  L  D
V  R  K  S  T  E  A  R  I  N  L  Y  S  K
Q  O  L  O  A  D  G  L  Æ  D  E  L  I  G
O  R  G  M  W  H  E  B  M  M  T  R  J  C
```

VENNER	GLAD
SJOV	INVITATIONER
ÅR	UNGE
STEARINLYS	DAG
GAVE	GLÆDELIG
KALENDER	FØDT
KORT	VISDOM
SANG	SÆRLIG
FEST	TID
KAGE	

63 - Animaux de Compagnie

R	Y	C	W	G	B	Q	R	R	R	H	V	L	K
F	I	R	B	E	N	H	U	N	D	V	I	I	I
K	O	L	E	D	M	A	D	K	H	A	L	E	L
K	A	B	Z	O	P	M	U	S	M	L	X	U	L
D	L	N	F	G	A	S	N	O	R	P	U	P	I
Y	O	Ø	I	R	P	T	T	L	R	M	N	Q	N
R	T	G	E	N	E	E	F	R	Z	O	H	A	G
L	F	S	B	R	G	R	I	E	L	N	K	T	D
Æ	G	N	B	C	Ø	E	S	L	K	R	A	V	E
G	C	Y	V	P	J	V	K	W	N	Y	J	P	O
E	E	D	U	L	E	J	V	M	C	C	C	Z	E
V	W	B	N	S	E	T	L	T	K	J	H	I	L
V	A	N	D	S	K	I	L	D	P	A	D	D	E
U	R	P	K	C	J	Z	X	X	I	S	T	M	Q

KAT	KANIN
KILLING	FIRBEN
GED	MAD
HUND	PAPEGØJE
HVALP	FISK
KRAVE	HALE
VAND	MUS
KLØER	SKILDPADDE
HAMSTER	KO
SNOR	DYRLÆGE

64 - Forêt Tropicale

```
F  B  F  C  V  F  Y  N  W  C  R  W  W  P
L  Æ  E  H  G  X  P  A  T  T  E  D  Y  R
R  K  L  V  O  M  V  T  S  U  S  T  P  E
E  U  G  L  A  R  T  U  K  I  T  I  V  S
C  Y  P  W  E  R  B  R  Y  D  A  L  Z  P
F  U  G  L  E  S  E  O  E  L  U  F  I  E
J  U  N  G  L  E  S  L  R  W  R  L  N  K
B  O  T  A  N  I  S  K  S  U  E  U  S  T
H  W  Q  U  E  X  A  C  A  E  R  G  E  B
K  L  I  M  A  Q  S  H  F  B  I  T  K  D
V  Æ  R  D  I  F  U  L  D  G  N  R  T  O
R  M  A  N  G  F  O  L  D  I  G  H  E  D
G  O  H  U  H  L  O  R  L  W  L  T  R  S
L  S  O  V  E  R  L  E  V  E  L  S  E  C
```

BOTANISK	NATUR
KLIMA	SKYER
FÆLLESSKAB	FUGLE
MANGFOLDIGHED	VÆRDIFULD
ART	BEVARELSE
INSEKTER	TILFLUGT
JUNGLE	RESPEKT
PATTEDYR	RESTAURERING
MOS	OVERLEVELSE

65 - Insectes

```
O  T  K  A  P  M  I  V  U  O  R  H  H  F
J  S  O  M  M  E  R  F  U  G  L  Q  V  D
G  R  Æ  S  H  O  P  P  E  U  N  N  E  M
M  W  P  A  D  R  L  B  I  L  L  E  P  R
Y  A  X  R  A  M  K  S  A  D  O  S  S  V
G  A  N  J  S  H  D  G  E  S  K  P  I  K
N  K  V  T  E  R  M  I  T  M  A  L  P  I
S  M  A  R  I  E  H  Ø  N  E  K  F  U  E
M  T  B  H  B  S  F  O  S  D  E  G  S  H
Y  Y  T  T  C  I  C  A  D  A  R  C  O  X
M  F  R  B  L  A  D  L  U  S  L  W  P  K
X  Z  T  E  Y  M  L  H  R  Y  A  J  Q  G
L  A  R  V  E  C  H  P  K  D  K  R  W  W
K  Z  Q  N  A  Z  H  O  R  N  E  T  B  I
```

BI	MANTIS
KAKERLAK	MYG
CICADA	SOMMERFUGL
MARIEHØNE	LOPPE
MYRE	BLADLUS
HORNET	GRÆSHOPPE
HVEPS	BILLE
LARVE	TERMIT
GULDSMED	ORM

66 - Ferme #1

```
K R A G E U A W Q S M V D I
O A I Æ T T M C N J M A R K
A A T S F I A A Q Y L N W Y
L W I E T X W W N P K D M L
T K A L V T J Q G G E D X L
P K H Z E F I W M Ø Z L D I
X H Ø L J W N A C D S I R N
M T U A I Z Z M G N H Z Q G
Q C F N H E G N I I O S U I
A R N D D A T F A N N P X R
P P J B H E S T T G N R P M
B R K R B I S O N Z I N A C
I M J U K N K G Q O N I V C
W U E G F L O K I N G B T U
```

BI	KRAGE
LANDBRUG	VAND
ÆSEL	GØDNING
BISON	HØ
MARK	HONNING
KAT	KYLLING
HEST	RIS
GED	FLOK
HUND	KO
HEGN	KALV

67 - Escalade

```
N  Y  S  G  E  R  R  I  G  H  E  D  K  P
U  S  I  H  H  X  P  X  K  J  O  W  O  K
U  D  H  Y  A  X  C  M  O  E  T  S  R  S
S  D  F  B  I  N  I  I  P  L  N  T  T  F
T  V  D  O  K  B  D  P  Y  M  M  Ø  V  M
A  E  Z  A  R  F  Y  S  I  S  K  V  A  J
B  B  K  H  N  D  O  E  K  Y  V  L  N  V
I  F  B  Ø  P  N  R  S  O  E  W  E  D  A
L  W  U  J  D  K  E  I  K  E  R  R  R  S
I  H  G  D  Y  T  M  L  N  V  Y  N  I  K
T  U  T  E  R  R  Æ  N  S  G  G  I  N  A
E  L  E  K  S  P  E  R  T  E  E  U  G  D
T  E  V  F  A  T  M  O  S  F  Æ  R  E  E
S  T  Y  R  K  E  Z  D  L  B  S  M  A  L
```

HØJDE	SMAL
ATMOSFÆRE	STYRKE
SKADE	UDDANNELSE
STØVLER	HANDSKER
KORT	HULE
HJELM	FYSISK
NYSGERRIGHED	VANDRING
UDFORDRINGER	STABILITET
EKSPERT	TERRÆN

68 - École #2

```
B B D B I B L I O T E K L A
A D U U Ø Y E O B T F H I K
D H Z S H G U V U C N J T T
U D D A N N E L S E X E T I
X R O Z G L Æ R I N G M E V
S K R I V N I N G K Q M R I
L C D K A L E N D E R E A T
Æ O B L Y A N T Z N F A T E
S M O L S S W P A P I R U T
N P G V Æ A I I S T H B R E
I U S F W R K N P K O E J R
N T H K H F E S I B Z J I Z
G E U A U U K R L K T D J Q
M R G R A M M A T I K E N K
```

AKTIVITETER
LÆRING
BIBLIOTEK
BUS
KALENDER
SAKS
BLYANT
HJEMMEARBEJDE
ORDBOG
LÆRER

SKRIVNING
UDDANNELSE
GRAMMATIK
SPIL
LÆSNING
LITTERATUR
BØGER
COMPUTER
PAPIR

69 - Antarctique

```
S  D  B  E  M  K  O  N  T  I  N  E  N  T
K  T  E  O  K  I  W  O  Y  S  M  N  Q  M
Y  H  V  Z  X  S  L  B  D  X  T  N  K  I
E  L  A  Y  S  S  P  J  D  X  I  U  D  G
R  G  R  Y  H  S  F  E  Ø  C  C  S  G  R
Y  L  E  D  V  A  N  D  D  X  J  B  F  A
N  V  L  M  A  S  L  Z  S  I  P  S  Y  T
B  I  S  F  L  W  A  V  V  W  T  D  E  I
U  S  E  U  E  T  F  K  Ø  A  Q  I  D  O
G  E  O  G  R  A  F  I  E  P  Q  J  O  N
T  F  I  L  T  K  F  O  R  S  K  E  R  N
M  I  N  E  R  A  L  E  R  H  Y  V  Q  V
T  E  M  P  E  R  A  T  U  R  Z  V  N  F
S  Y  W  K  M  S  T  E  N  E  T  J  F  C
```

BUGT	IS
HVALER	ØER
FORSKER	MIGRATION
BEVARELSE	MINERALER
KONTINENT	SKYER
VAND	FUGLE
MILJØ	HALVØ
EKSPEDITION	STENET
GEOGRAFI	TEMPERATUR

70 - Professions #2

```
I  L  L  F  L  O  B  I  M  N  E  T  J  G
L  I  Æ  O  P  F  I  N  D  E  R  A  O  A
L  N  G  R  D  Z  B  T  F  H  Z  N  U  R
U  G  E  S  E  C  L  H  I  L  O  D  R  T
S  E  L  K  T  R  I  P  L  F  O  L  N  N
T  N  I  E  E  J  O  A  O  O  L  Æ  A  E
R  I  N  R  K  B  T  I  S  T  O  G  L  R
A  Ø  G  S  T  P  E  P  O  O  G  E  I  T
T  R  V  A  I  A  K  I  F  G  M  T  S  Q
O  X  I  V  V  M  A  L  E  R  D  R  T  C
R  Z  S  A  S  T  R  O  N  A  U  T  L  O
L  B  T  G  B  Z  Y  T  W  F  S  G  M  J
K  I  R  U  R  G  I  K  U  S  X  G  O  K
B  I  O  L  O  G  Q  L  W  F  H  K  G  H
```

ASTRONAUT	OPFINDER
BIBLIOTEKAR	GARTNER
BIOLOG	JOURNALIST
FORSKER	LINGVIST
KIRURG	LÆGE
TANDLÆGE	MALER
DETEKTIV	FILOSOF
LÆRER	FOTOGRAF
ILLUSTRATOR	PILOT
INGENIØR	ZOOLOG

71 - Les Abeilles

```
D R O N N I N G V K N T P H
F W A B V X V H I U I Q O H
C R Ø G O P L A N T E R L O
O F U V K R Q D G M A Z L N
Y M S G S O L E E Y K D E N
R L C D T J Y X R Q N K N I
H I V E N C E P S V Æ R M N
M A N G F O L D I G H E D G
A P B L O M S T H G I S Y A
D A K I S I H B C A N R M V
V G U Y T U B A A V S X N N
S Q O C K A Y I V A E U F L
Ø K O S Y S T E M E K H Y I
B L O M S T E R V B T W K G
```

VINGER	HABITAT
GAVNLIG	INSEKT
VOKS	HAVE
MANGFOLDIGHED	HONNING
SVÆRM	MAD
ØKOSYSTEM	PLANTER
BLOMST	POLLEN
BLOMSTER	DRONNING
FRUGT	HIVE
RØG	SOL

72 - Dinosaures

```
V O J P F T F O S S I L E R
I D O L Z P O P T C T T R F
N H R A D Z R A O B J G V O
G A D N M W S K R Y B D Y R
E L P T A S V L A T Q H M H
R R E M T I P P T I N A I
E U Y Æ M Ø N O T E K L G S
F H U D U R D T O N D Q T T
R Y V E T R E T R O E W F O
Z E N R G E N O R R B F U R
U D V I K L I N G M I W L I
Q D E P C S Z I O D D H D S
K H X K I E F D O V I S E K
B H D O M N I V O R E T U W
```

VINGER
FORSVINDEN
ART
ENORM
UDVIKLING
FOSSILER
STOR
PLANTEÆDER
MAMMUT
OMNIVORE

FORHISTORISK
BYTTE
MAGTFULDE
HALE
RAPTOR
KRYBDYR
STØRRELSE
JORD
OND

73 - Conduite

```
L X F F L X Z H P M D H R Y
V O X R A Z J F M O T O R X
B M O T O R C Y K E L T Y V
X O J Y Q V E J H T I I N S
B R Æ N D S T O F G C B T W
F O D G Æ N G E R Y E R R I
U L Y K K E W E E P N E A B
I H A S T I G H E D S M F L
O W X Y U I P A P S Y S I A
G T R A N S P O R T Z E K S
A K O F N K O R T A S R B T
S A R U E T C L N K G N I B
T M U U L K R O D C E E L I
S I K K E R H E D S N Y P L
```

ULYKKE	MOTORCYKEL
LASTBIL	FODGÆNGER
BRÆNDSTOF	POLITI
KORT	VEJ
FARE	SIKKERHED
BREMSER	TRAFIK
GARAGE	TRANSPORT
GAS	TUNNEL
LICENS	HASTIGHED
MOTOR	BIL

74 - Plantes

```
K A K T U S L B Æ R H A V E
K H G E Q R M Ø Ø R O D O Z
R B M R R F O J V N Q H K O
O Q C U Æ I S C A J N Z S D
N B L O M S T R Æ O S E E B
B U T V I X R K O X T K V M
L S X E B A M B U S U P C C
A K S S O Z L J M W A K V S
D W K X T Z R V E D B E N D
F L O R A N G Ø D N I N G O
X H V I N S V L I F L Y K H
M A C G I J C E F K N X I X
N X V Q K E I J Z T N M E B
V E G E T A T I O N T Q Y A
```

TRÆ	SKOV
BÆR	VOKSE
BAMBUS	BØNNE
BOTANIK	GRÆS
BUSK	HAVE
KAKTUS	VEDBEND
GØDNING	MOS
LØV	KRONBLAD
BLOMST	ROD
FLORA	VEGETATION

75 - Ferme #2

```
H G A M F O K I C R J F U B
M P J H C Q F Å R C N R Y I
T M A H L G R Ø N T S A G K
P P L Y N I U E J R L Z C U
H N Z R X W G T O A A P J B
R M A D W D T P J K N A M E
S O Æ E H V E D E T D J K L
L A M L A M A S Q O M A F A
T O Y F K T F N G R A A K D
K U N S T V A N D I N G J E
P B T E T P A M M J D H G S
D Y R Y A I W F F K E N G S
R G A Q B F N N O E M I C I
F R U G T H A V E A Z V E H
```

LAM	LAMA
LANDMAND	GRØNTSAG
DYR	MAJS
HYRDE	FÅR
HVEDE	MAD
AND	BYG
FRUGT	ENG
LADE	BIKUBE
KUNSTVANDING	TRAKTOR
MÆLK	FRUGTHAVE

76 - École #1

```
P  J  F  A  O  V  W  B  I  K  M  Q  O  N
E  M  K  R  N  L  Z  N  T  K  U  T  D  F
N  A  B  A  O  S  T  O  L  K  H  S  Z  H
N  P  U  C  E  K  S  A  M  E  N  G  Y  R
E  P  A  P  I  R  O  A  L  F  A  B  E  T
M  E  V  R  T  G  F  S  J  O  V  F  D  B
B  R  E  O  Y  L  F  H  T  W  G  V  D  L
G  K  N  O  E  G  K  I  Q  V  F  T  Y  Y
T  H  N  B  I  B  L  I  O  T  E  K  Q  A
W  E  E  Z  P  D  Ø  S  V  A  R  M  U  N
L  Æ  R  E  R  B  R  G  V  S  X  X  I  T
X  G  R  A  S  S  M  C  E  X  P  K  Z  E
M  A  T  E  M  A  T  I  K  R  X  N  Z  D
G  S  K  R  I  V  E  B  O  R  D  A  R  X
```

ALFABET	MAPPER
VENNER	LÆRER
SJOV	EKSAMEN
BIBLIOTEK	BØGER
SKRIVEBORD	MATEMATIK
STOL	PAPIR
BLYANT	QUIZ
PENNE	SVAR
FROKOST	

77 - Vacances #2

```
F  M  O  J  E  V  K  B  T  T  G  D  T  D
E  T  O  G  R  B  I  L  L  E  D  E  R  E
R  A  E  U  E  W  S  S  V  S  M  C  A  S
I  X  J  L  S  C  L  J  U  I  L  A  N  T
E  A  G  U  T  H  C  O  S  M  E  M  S  I
Q  W  T  F  A  A  O  S  U  X  F  P  P  N
Q  W  J  T  U  V  J  T  R  K  R  I  O  A
F  K  F  H  R  L  J  R  E  H  I  N  R  T
U  U  K  A  A  J  S  A  J  L  T  G  T  I
E  L  A  V  N  K  N  N  S  U  I  H  L  O
P  R  H  N  T  D  R  D  E  E  D  T  Ø  N
M  O  P  Z  T  S  H  X  E  I  E  K  K  G
I  L  A  K  O  R  T  H  B  X  B  B  N  T
J  D  S  T  U  D  L  Æ  N  D  I  N  G  D
```

LUFTHAVN	STRAND
CAMPING	RESTAURANT
KORT	TAXA
DESTINATION	TELT
UDLÆNDING	TOG
HOTEL	TRANSPORT
FRITID	FERIE
HAV	VISUM
PAS	REJSE
BILLEDER	

78 - Temps

```
C B K F L F T I M E X I X V
M Y A I J Ø N U L H U G Z K
T G L Y Å R T I F A C V N Å
X B E K K N Q M X K X E M R
F T N J B T T O I R E N I H
W R D U Y Q U R G N A T D U
N Å E P X T R G Å U U V D N
Y Y R M W F F E R W H T A D
P L U K T N H N Z F L F G R
M Å N E D I P E E F T E R E
N R W P G G D S N A R T B D
C L N S Z P J E C U O A C E
X I F H O V U R B G I W D Y
C G M O A L D A G E O V D G
```

ÅR	UR
ÅRLIG	DAG
EFTER	NU
FØR	MORGEN
SNART	MIDDAG
KALENDER	MINUT
ÅRTI	MÅNED
FREMTID	NAT
TIME	UGE
I GÅR	ÅRHUNDREDE

79 - Maison

```
S  C  U  Z  R  X  N  E  J  P  B  Y  V  H
Z  B  G  A  R  D  I  N  E  R  E  Y  Æ  A
O  B  M  I  E  K  Ø  K  K  E  N  J  G  V
L  A  M  P  E  N  B  R  U  S  E  R  S  E
H  E  G  N  B  N  X  N  S  P  E  J  L  W
N  X  H  K  U  I  K  Ø  N  T  Æ  P  P  E
H  X  U  R  D  R  B  G  A  R  A  G  E  L
M  I  N  V  Æ  R  E  L  S  E  N  U  A  O
K  W  X  I  M  Q  Z  E  I  L  H  L  T  F
T  A  G  N  E  G  P  R  K  O  S  T  A  T
B  M  G  D  K  W  Y  S  I  F  T  N  E  S
Z  I  C  U  M  P  G  V  O  T  X  E  F  R
N  U  A  E  D  F  S  T  M  G  C  C  K  U
H  H  G  Y  I  X  K  N  D  E  X  J  O  M
```

KOST	LOFTSRUM
BIBLIOTEK	HAVE
VÆRELSE	LAMPE
PEJS	SPEJL
NØGLER	VÆG
HEGN	LOFT
KØKKEN	DØR
BRUSER	GARDINER
VINDUE	TÆPPE
GARAGE	TAG

80 - Légumes

```
L Ø G I F J O L I V E N X S
S I J N Q T D S V A M P C K
A T K G H F R A D I S E G A
M G F E Z H V I D L Ø G U L
B C M F B S G S V J X I L O
L K G Æ R T V R P I G Q E T
M A J R O E L G Æ I M B R T
A J J O C L N N U S N Z O E
L T D K C K Z B P A K A D L
P V J T O M A T X L M A T Ø
F M S E L L E R I A A G R G
T A R T I S K O K T T U Q J
A U B E R G I N E V Y R E W
P E R S I L L E O S C K W D
```

HVIDLØG	SPINAT
ARTISKOK	INGEFÆR
AUBERGINE	MAJROE
BROCCOLI	LØG
GULEROD	OLIVEN
SELLERI	PERSILLE
SVAMP	ÆRT
GRÆSKAR	RADISE
AGURK	SALAT
SKALOTTELØG	TOMAT

81 - Plage

```
I  D  L  A  G  U  N  E  P  F  R  F  V  S
F  O  C  E  A  N  Y  U  C  W  F  E  Z  A
S  C  F  U  B  U  D  U  U  W  C  R  V  N
M  K  Y  S  T  Y  J  B  L  V  W  I  Q  D
M  H  A  V  B  Å  D  R  R  S  Y  E  E  A
L  B  B  L  Å  G  P  B  V  O  I  F  N  L
Ø  Z  F  P  L  B  E  C  L  L  Y  J  S  E
C  I  V  C  P  E  L  K  R  A  B  B  E  R
Z  D  G  X  X  Z  R  D  V  T  G  I  J  A
G  V  I  L  Y  L  Z  X  I  N  W  Z  L  J
M  R  O  E  B  K  G  N  S  U  G  I  B  O
H  Å  N  D  K  L  Æ  D  E  A  C  O  Å  G
R  R  E  M  K  C  C  B  S  L  N  M  D  D
P  A  R  A  P  L  Y  M  R  H  S  D  S  H
```

BÅD	PARAPLY
BLÅ	REV
SKALLER	SAND
KYST	SANDALER
KRABBE	HÅNDKLÆDE
DOCK	SOL
LAGUNE	FERIE
HAV	SEJLBÅD
OCEAN	

82 - Famille

```
S O Z O B E U P K N B N I T
Ø K D N A E B R O R N Ø Y J
S R B K R N D Z N L I Z R I
T H N E N Y K S E N E K F N
E X T L D T X X T L C Z B F
R N S Q O S V Y D E E B A O
D F A R M D T W M V M O R R
D A T T E R V E A G L O N F
G D N E V Ø L R F K A C R A
Z E X M A N D X Æ A J J H D
C R M Ø D R E S T A R C V E
Q L X N Q R O U T A N T E R
G I H Z X X O V E Q F H R J
C G G S Z T L A R M T Y E M
```

FORFADER	MAND
FÆTTER	MØDRES
BARNDOM	MOR
BARN	NEVØ
BØRN	NIECE
KONE	ONKEL
DATTER	FADERLIG
BROR	FAR
BEDSTEMOR	SØSTER
BEDSTEFAR	TANTE

83 - Oiseaux

```
Q D N X L W I S T O R K Z K
P K N Y P I N G V I N H J A
G Ø G L A E X W Z E N W F S
Ø U T G P K L S D G F D I R
K R A G E O Y I R S P U R V
F J N B G B L P K V S E G K
L H D W Ø T O U C A N L Å Y
A S Æ I J B D B M N N L S L
M C S G E S U M H E J R E L
I X Q M O S T R U D S Q H I
N U P Å F U G L L U B K W N
G V V G V M C S K R T S I G
O S M E N A X T Z Q Q V K V
Y U Q O Y O Y V W D V H P D
```

ØRN	PINGVIN
STRUDS	SPURV
AND	MÅGE
STORK	ÆG
DUE	GÅS
KRAGE	PÅFUGL
GØG	PAPEGØJE
SVANE	PELIKAN
FLAMINGO	KYLLING
HEJRE	TOUCAN

84 - Disciplines Scientifiques

```
P  A  H  U  M  A  A  J  A  F  B  U  N  K
I  S  R  D  E  R  R  U  N  Y  O  Y  Q  H
M  T  Y  I  T  I  K  L  A  S  T  Y  K  V
M  R  W  K  E  I  Æ  U  T  I  A  U  H  R
U  O  D  E  O  P  O  N  O  O  N  S  N  Y
N  N  P  M  R  L  L  Z  M  L  I  O  E  U
O  O  B  I  O  L  O  G  I  O  K  C  U  Ø
L  M  M  W  L  T  G  G  H  G  S  I  R  K
O  I  E  V  O  Q  I  P  I  I  L  O  O  O
G  L  I  N  G  V  I  S  T  I  K  L  L  L
I  Y  E  B  I  O  K  E  M  I  A  O  O  O
G  E  O  L  O  G  I  W  F  K  D  G  G  G
M  E  K  A  N  I  K  M  E  U  P  I  I  I
T  E  R  M  O  D  Y  N  A  M  I  K  F  P
```

ANATOMI	IMMUNOLOGI
ARKÆOLOGI	LINGVISTIK
ASTRONOMI	MEKANIK
BIOKEMI	METEOROLOGI
BIOLOGI	NEUROLOGI
BOTANIK	FYSIOLOGI
KEMI	PSYKOLOGI
ØKOLOGI	SOCIOLOGI
GEOLOGI	TERMODYNAMIK

85 - Émotions

```
I  J  T  O  V  E  N  L  I  G  H  E  D  N
N  T  A  V  P  G  X  O  Z  I  L  P  L  X
D  P  K  E  D  S  O  M  H  E  D  Æ  O  I
H  T  N  R  H  E  W  A  H  T  F  V  D  H
O  I  E  R  K  I  R  R  O  R  F  L  G  E
L  L  M  A  F  S  L  A  P  P  E  T  O  G
D  F  M  S  F  O  F  S  G  Z  S  Z  R  V
Z  R  E  K  R  O  L  I  G  Ø  Y  V  K  X
F  E  L  E  Y  S  O  R  G  N  M  Y  B  I
R  D  I  L  G  W  S  P  R  B  P  H  U  U
E  S  G  S  T  U  K  P  D  X  A  A  E  E
D  V  R  E  D  E  W  R  V  S  T  J  S  D
R  E  L  I  E  F  A  P  Q  U  I  V  A  C
Y  K  Æ  R  L  I  G  H  E  D  W  F  J  N
```

KÆRLIGHED	FRYGT
ROLIG	TAKNEMMELIG
VREDE	RELIEF
INDHOLD	TILFREDS
AFSLAPPET	OVERRASKELSE
FLOV	SYMPATI
KEDSOMHED	ØMHED
VENLIGHED	RO
GLÆDE	SORG
FRED	

86 - Géographie

```
O  R  V  J  O  R  O  S  H  A  V  K  O  H
L  X  F  R  Y  B  L  W  Ø  D  B  H  G  A
Y  R  Q  E  W  E  P  F  J  N  O  R  D  L
X  J  H  V  W  F  A  C  D  X  M  H  A  V
K  X  Y  J  Q  E  I  T  E  Y  I  F  W  K
X  I  S  N  L  J  V  F  L  O  D  Y  S  U
K  O  N  T  I  N  E  N  T  A  L  H  S  G
O  B  J  E  R  G  R  O  C  V  S  A  H  L
R  E  G  I  O  N  D  C  Q  Ø  E  Q  N  E
T  G  G  R  E  G  E  E  U  J  A  S  Y  D
L  G  S  A  J  W  N  A  W  Y  N  V  T  A
X  Y  N  L  L  W  D  N  A  J  A  R  Y  N
T  E  R  R  I  T  O  R  I  U  M  B  Q  Y
M  E  R  I  D  I  A  N  D  Y  J  J  Y  L  O
```

HØJDE	BJERG
ATLAS	NORD
KORT	OCEAN
KONTINENT	VEST
FLOD	LAND
HALVKUGLE	REGION
HAV	SYD
MERIDIAN	TERRITORIUM
VERDEN	BY

87 - Danse

```
T T K R A H U Q N M H X Y G
X R L Y N Å D E W G U J G U
O A A T H Y T F B Q Q S X W
B D S M O D R Z M G R P I D
E I S E P Y Y Y V J C A I K
V T I C P N K U L T U R E L
Æ I S A E M S U F F H T F E
G O K T E F F M L Y D N Ø G
E N V C B K U N S T T E L E
L E E B Y E L K W W U R E M
S L T A K A D E M I K R L E
E R M S K Y E B R C D N S U
K O R E O G R A F I M T E P
G L Æ D E L I G V I S U E L
```

AKADEMI	NÅDE
KUNST	GLÆDELIG
KOREOGRAFI	BEVÆGELSE
KLASSISK	MUSIK
LEGEME	PARTNER
KULTUR	RYTME
KULTUREL	HOPPE
UDTRYKSFULDE	TRADITIONEL
FØLELSE	VISUEL

88 - Bâtiments

```
O  T  E  A  T  E  R  I  W  A  L  L  W  S
W  K  E  O  E  S  O  W  C  E  A  E  M  U
G  A  M  B  A  S  S  A  D  E  B  J  U  P
P  B  S  S  I  V  T  W  C  C  O  L  N  E
M  I  T  E  G  O  A  Å  B  Q  R  I  I  R
U  N  A  R  H  A  G  P  R  Z  A  G  V  M
S  E  D  V  X  X  R  R  G  N  T  H  E  A
E  S  I  A  Y  N  J  A  A  J  O  E  R  R
U  K  O  T  S  L  O  T  G  F  R  D  S  K
M  O  N  O  H  O  T  E  L  E  I  T  I  E
N  L  M  R  L  A  D  E  S  H  U  E  T  D
Y  E  Z  I  U  O  H  Z  O  A  M  L  E  R
K  H  R  U  F  A  B  R  I  K  B  T  T  Y
U  U  F  M  H  O  S  P  I  T  A  L  Y  T
```

AMBASSADE	LABORATORIUM
LEJLIGHED	MUSEUM
KABINE	OBSERVATORIUM
SLOT	STADION
BIOGRAF	SUPERMARKED
SKOLE	TELT
GARAGE	TEATER
LADE	TÅRN
HOSPITAL	UNIVERSITET
HOTEL	FABRIK

89 - Pêche

```
V J W J H K R O G Æ L L E R
S T D Z C U T R Å D A V N N
Z F J J D R X X C I O F Y S
R F Q S R V A N D N E Q Z U
S Ø F P Q S Æ S O N C C F W
T Å L M O D I G H E D B C U
R P O N C C U N T X Y M Å S
A E D Z E S C T U B A L Q D
N A B F A Y I R A D U G U M
D L C C N Q Z M H M S B E K
K Æ B E O I Y A Z N D T E C
L O K K E M A D E F B W Y F
O V E R D R I V E L S E V R
D E U O S R A W Q Z J B M Y
```

LOKKEMAD	SØ
BÅD	KÆBE
GÆLLER	OCEAN
KROG	KURV
VAND	TÅLMODIGHED
OVERDRIVELSE	STRAND
UDSTYR	VÆGT
TRÅD	SÆSON
FLOD	

90 - Activités et Loisirs

```
B A S K E T B A L L D M S H
T E S V Ø M N I N G K A W A
Z E S U R F I N G M Y L S V
F M N V A N D R I N G E Y E
S C W N C K U N S T S R V A
R T F D I U M Z O N J I Y R
X S A B N S F O D B O L D B
W H G L G O L F H P F N U E
V O L L E Y B A L L I M M J
R P B A S E B A L L S S M D
E P C A M P I N G Y K Y E E
J I Z A F S L A P P E N D E
S N D Y K N I N G L R F G O
E G A N O B O K S N I N G Q
```

SHOPPING
KUNST
BASEBALL
BASKETBALL
BOKSNING
CAMPING
RACING
FODBOLD
GOLF
HAVEARBEJDE

SVØMNING
MALERI
FISKERI
DYKNING
VANDRING
AFSLAPPENDE
SURFING
TENNIS
VOLLEYBALL
REJSE

91 - Livres

```
H  W  H  W  X  N  K  P  V  E  O  D  G  R
I  I  X  M  P  E  E  Y  O  W  E  I  D  O
S  F  S  A  M  L  I  N  G  E  N  G  A  M
T  V  I  T  D  F  Q  P  R  P  S  T  A  A
O  T  D  F  O  O  K  B  E  I  G  I  K  N
R  R  E  U  O  R  U  E  L  S  O  F  O  T
I  B  L  W  K  F  I  V  E  K  P  O  N  R
S  E  R  I  E  A  T  E  V  Q  F  R  T  A
K  C  L  K  T  T  V  N  A  W  I  T  E  G
D  U  A  L  I  T  E  T  N  I  N  Æ  K  I
N  E  M  Æ  B  E  E  Y  T  P  D  L  S  S
I  C  G  S  W  R  P  R  H  Z  S  L  T  K
A  K  K  E  F  J  J  R  Æ  Y  O  E  S  R
G  V  W  R  I  R  J  T  N  R  M  R  I  N
```

FORFATTER	LITTERÆR
EVENTYR	FORTÆLLER
SAMLING	SIDE
KONTEKST	RELEVANT
DUALITET	DIGT
EPISK	POESI
HISTORIE	ROMAN
HISTORISK	SERIE
OPFINDSOM	TRAGISK
LÆSER	

92 - Pays #2

```
J  A  M  A  I  C  A  F  Q  R  G  M  R  P
U  K  R  A  I  N  E  R  Q  Q  C  N  P  A
L  G  G  K  D  D  S  A  K  N  J  P  P  K
I  R  A  I  N  D  O  N  E  S  I  E  N  I
B  H  J  N  A  Y  H  K  N  O  R  X  T  S
A  R  X  A  D  P  J  R  Y  M  L  J  D  T
N  N  Y  L  P  A  D  I  A  A  A  Q  E  A
O  M  W  B  W  A  S  G  H  L  N  B  X  N
N  L  Z  A  B  R  N  U  N  I  D  Y  S  P
L  Q  G  N  F  P  K  W  D  A  S  V  W  K
M  E  X  I  C  O  F  S  L  A  O  S  L  U
A  J  A  E  S  Y  R  I  E  N  N  L  I  R
N  P  Z  N  R  U  S  L  A  N  D  Y  V  V
H  A  I  T  I  D  D  A  N  M  A  R  K  V
```

ALBANIEN	LAOS
KINA	LIBANON
DANMARK	MEXICO
FRANKRIG	UGANDA
HAITI	PAKISTAN
INDONESIEN	RUSLAND
IRLAND	SOMALIA
JAMAICA	SUDAN
JAPAN	SYRIEN
KENYA	UKRAINE

93 - Fournitures d'Art

```
H  D  Q  K  R  E  A  T  I  V  I  T  E  T
J  Z  Q  G  M  O  J  C  R  O  L  Q  Q  A
T  R  Æ  K  U  L  E  R  S  T  O  L  K  F
A  H  E  A  T  I  I  A  T  V  A  N  D  I
T  J  E  M  A  E  S  P  A  P  I  R  F  D
F  A  H  E  B  Q  J  W  F  Z  W  U  A  E
B  N  K  R  E  Y  U  H  F  O  Z  L  R  E
Ø  L  O  A  L  Z  B  B  E  V  R  Y  V  R
R  A  Y  P  A  S  T  E  L  L  E  R  E  N
S  O  K  A  Y  L  H  P  I  Æ  D  Y  R  A
T  O  P  R  N  U  M  C  N  O  K  O  J  Q
E  L  T  B  Y  T  W  O  C  A  H  E  N  P
R  I  U  D  G  L  E  V  V  T  V  Q  N  R
B  M  M  A  K  V  A  R  E  L  L  E  R  S
```

AKRYL	BLYANTER
AKVARELLER	KREATIVITET
LER	VAND
BØRSTER	BLÆK
KAMERA	OLIE
STOL	IDEER
TRÆKUL	PAPIR
STAFFELI	PASTELLER
LIM	TABEL
FARVER	

94 - Jouets

```
L  L  P  U  S  L  E  S  P  I  L  V  D  T
B  A  V  H  F  B  H  G  V  E  Y  R  F  R
A  K  S  G  M  Q  L  M  V  D  L  O  A  O
B  V  K  T  Y  C  B  Ø  G  E  R  B  N  M
T  X  A  T  B  T  G  L  I  B  S  O  T  M
C  Y  K  E  L  I  B  E  J  J  P  T  A  E
K  H  T  O  G  M  L  R  N  V  I  H  S  R
B  Å  D  F  J  M  A  Z  U  K  L  H  I  A
U  N  U  Y  A  E  F  L  Y  B  O  L  D  N
P  D  K  H  A  V  I  D  E  Y  H  N  C  H
U  V  K  G  M  O  O  K  D  R  A  G  E  B
V  Æ  E  N  P  B  C  R  S  H  Y  R  E  I
J  R  Q  I  N  E  M  A  I  X  O  K  B  L
L  K  D  E  X  S  W  Q  W  T  Z  Q  L  A
```

LER	SPIL
HÅNDVÆRK	BØGER
FLY	MALER
BOLD	DUKKE
BÅD	PUSLESPIL
LASTBIL	ROBOT
DRAGE	TROMMER
SKAK	TOG
FAVORIT	CYKEL
FANTASI	BIL

95 - Eau

```
B  Ø  L  G  E  R  T  Y  R  T  A  B  U  I
O  V  E  R  S  V  Ø  M  M  E  L  S  E  S
F  V  B  T  T  Q  Z  H  R  G  B  L  F  S
R  M  S  N  E  J  F  W  K  E  E  B  U  T
O  O  C  E  A  N  L  T  T  F  G  G  G  R
S  N  E  N  Y  O  O  R  K  A  N  N  T  Ø
T  S  S  F  F  H  D  O  F  X  F  O  I  M
J  U  M  S  A  I  G  Z  Y  W  N  S  G  O
B  N  F  O  R  D  A  M  P  N  I  N  G  Q
R  S  K  U  N  S  T  V  A  N  D  I  N  G
U  Ø  A  L  G  E  J  S  E  R  D  I  R  R
S  O  N  N  D  T  F  H  G  P  Z  A  S  D
E  M  A  R  J  U  Y  K  W  M  U  B  M  L
R  Z  L  B  L  F  C  A  C  A  L  Z  H  P
```

KANAL	OVERSVØMMELSE
BRUSER	KUNSTVANDING
FORDAMPNING	SØ
FLOD	MONSUN
STRØM	SNE
FROST	OCEAN
GEJSER	ORKAN
IS	REGN
FUGTIG	BØLGER
FUGT	DAMP

96 - Paysages

```
I  V  E  M  F  J  S  M  K  E  N  J  X  T
S  U  M  Z  L  F  E  G  G  E  J  S  E  R
B  L  H  X  O  L  B  L  L  H  O  I  Q  R
J  K  I  C  D  L  Z  S  E  A  U  L  K  I
E  A  M  O  A  S  L  H  T  V  D  L  Q  R
R  N  V  R  T  S  B  A  S  A  J  S  E  K
G  Y  S  H  C  Q  T  L  J  N  B  B  R  I
S  O  A  S  E  Y  U  V  E  D  A  D  A  L
T  U  Ø  R  K  E  N  Ø  R  F  K  T  V  U
R  B  M  S  R  V  D  E  A  A  K  I  B  X
A  J  E  P  S  X  R  Y  N  L  E  O  E  H
N  E  M  K  N  Ø  A  U  G  D  J  F  I  W
D  R  V  F  L  O  D  M  U  N  D  I  N  G
Y  G  E  L  M  X  J  S  N  T  Q  O  M  X
```

VANDFALD	SUMP
BAKKE	HAV
ØRKEN	BJERG
FLODMUNDING	OASE
FLOD	HALVØ
GEJSER	STRAND
GLETSJER	TUNDRA
HULE	DAL
ISBJERG	VULKAN
SØ	

97 - Nombres

```
O T T E T R E T T E N N E C
E K B M P O G U Z M E U X L
P K N I T T E N J F A L S N
K F I F J O R T E N Y U E F
A T T E N S Y T T E N E K E
D E C I M A L A O F D R S M
I R K M A X X I P L E P Y T
N M R T S R A E F T V M V E
G B L C T A B I L I T N C N
T Y V E H M Y P M N O Q W E
W U E T R E S E K S T E N F
J G E J Z Z K G U W G T O I
D V Z M P J E O K Y K H I R
Y V S K A F L R Q Y Q M O E
```

FEM	FJORTEN
TO	FIRE
DECIMAL	FEMTEN
TI	SEKSTEN
ATTEN	SYV
NITTEN	SEKS
SYTTEN	TRETTEN
TOLV	TRE
OTTE	TYVE
NI	NUL

98 - Nature

```
A E R O S I O N V Ø R K E N
F R E D E L I G B I E R L X
X U K P Z Q M N S F L C Ø X
S U G T Å G E S E E F D V Q
H D G Q I I W J W V H L Y Q
Y H C W S C Y X F S K O V
V J G F Y A K K N P D S E D
T R O P I S K W I H Y K B A
S K Ø N H E D D Y R N Y H Z
A F G Ø R E N D E B A E P E
F R E D F Y L D T E M R Z I
X O B G N M U I M N I P M P
B J E R G E G L E T S J E R
U W P M W B F Y M X K U P U
```

BIER	SKOV
DYR	GLETSJER
ARKTISK	BJERGE
SKØNHED	SKYER
TÅGE	FREDELIG
ØRKEN	VILD
DYNAMISK	FREDFYLDTE
EROSION	TROPISK
LØV	AFGØRENDE
FLOD	

99 - Bateaux

```
T N A U T I S K B T T F S N
Ø L G Y K K X X Ø I C L L A
M O T O R R R T L D O O R C
M A S T J F Æ R G E C D N I
E B N P B U K W E V E E Z F
R U C D N K S G R A A K M S
F R O H S S Ø Ø T N N B A J
L Y O A N K E R M D F S L P
Å B A V A A A E K A J A K U
D F L C Y N G B E J N X N Y
E X I C H O T Ø W C Z D A N
Y Q U W C T R J L F Z V D P
Q C F W B J S E J L B Å D C
W Y F J T Q E S O F O P L L
```

ANKER	SØMAND
BØJE	MAST
KANO	HAV
REB	MOTOR
MANDSKAB	NAUTISK
FÆRGE	OCEAN
FLOD	TØMMERFLÅDE
KAJAK	BØLGER
SØ	SEJLBÅD
TIDEVAND	YACHT

100 - Mesures

```
B D D M W T O N Q K C T K L
D Q Q K I L O M E T E R I Æ
J Z H D E C I M A L N Q L N
V O E C X J Q B M Q T R O G
Æ F S L I T E R K E I V G D
G S M H P C S E G D M D R E
T R L Ø P Y A D R W E E A O
M I A J B O H D A E T G M M
P I T D Y B D E M W E K K D
P E N E T M A S S E R U T Z
J Z J U E M E T E R H Y E B
P I N T T P V R Y F Q E M L
W O I W G V O X H M C V A V
M Y C O U N C E Q M A H C P
```

CENTIMETER	MASSE
GRAD	METER
DECIMAL	MINUT
GRAM	BYTE
HØJDE	OUNCE
KILOGRAM	PINT
KILOMETER	VÆGT
BREDDE	TOMME
LITER	DYBDE
LÆNGDE	TON

1 - Été

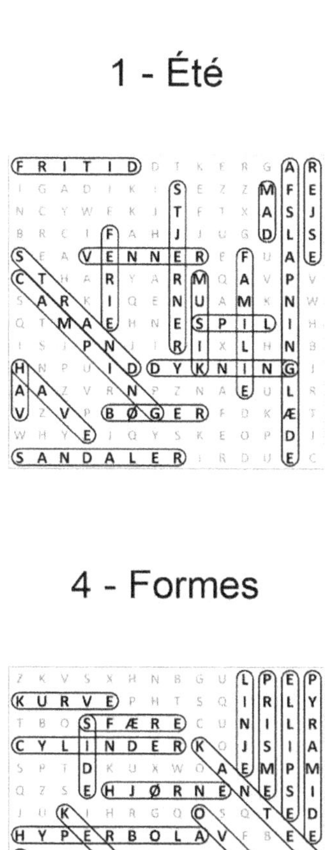

2 - Adjectifs #2

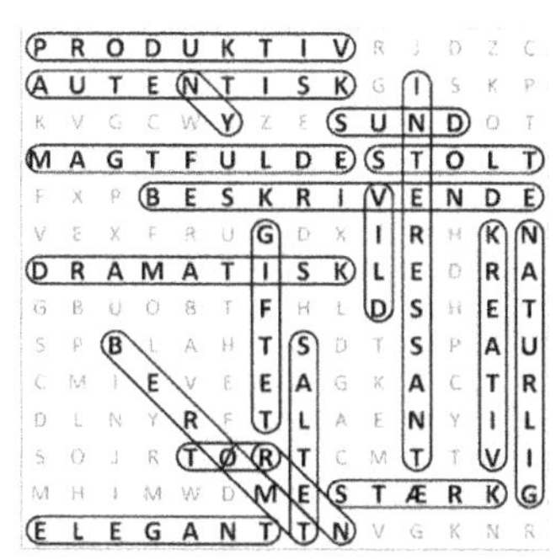

3 - Exploration

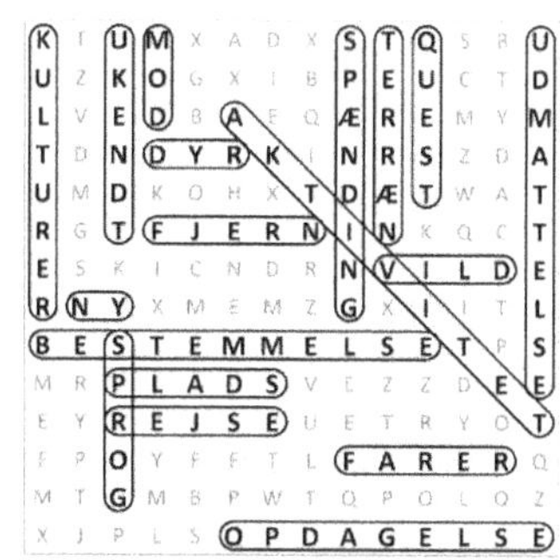

4 - Formes

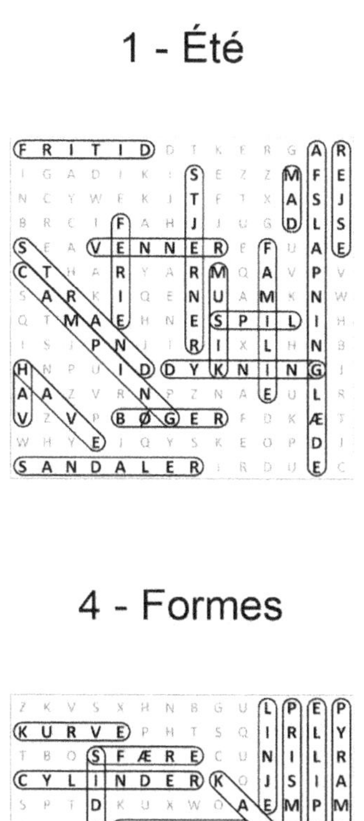

5 - Salle de Bains

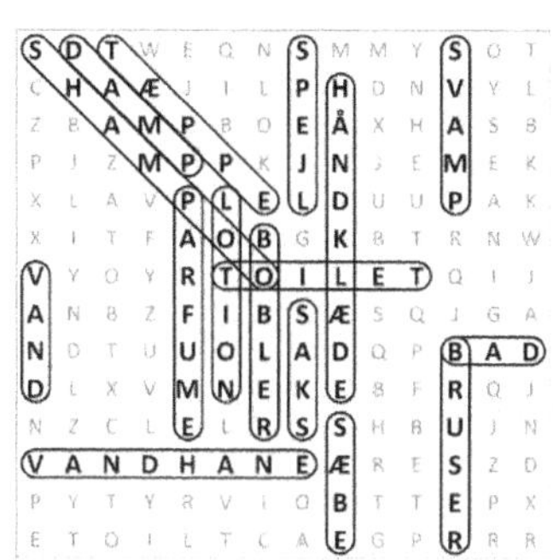

6 - Adjectifs #1

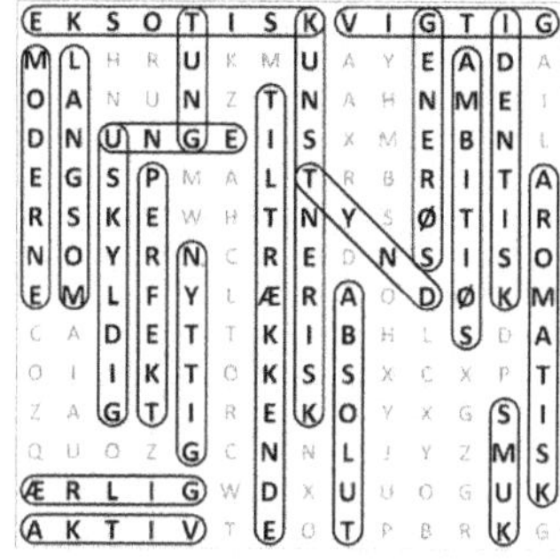

7 - Instruments de Musique

8 - Échecs

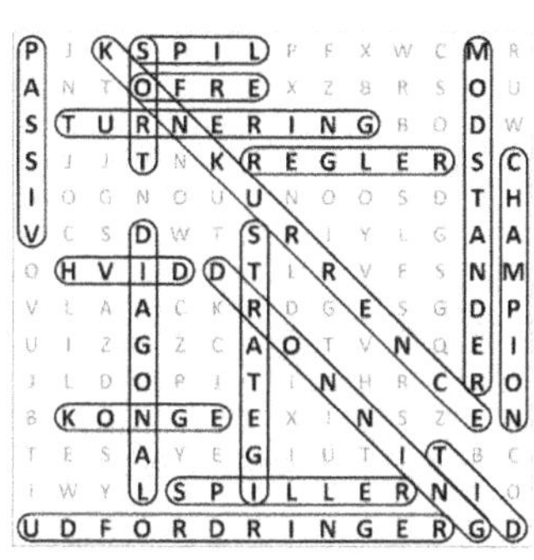

9 - Herboristerie

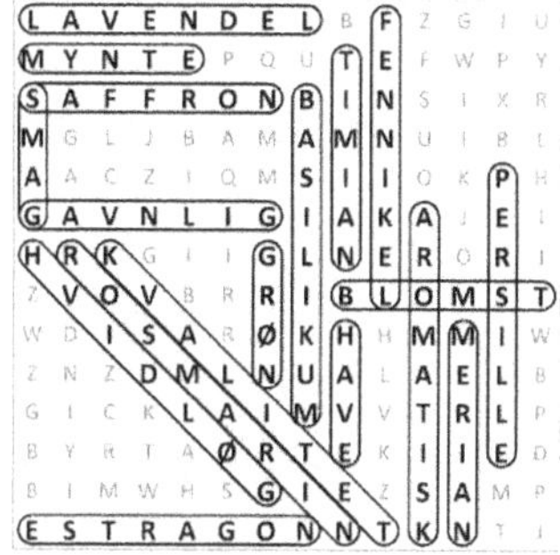

10 - Véhicules

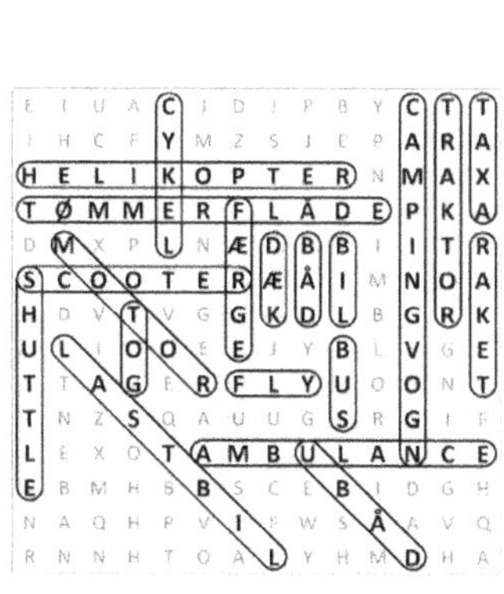

11 - Camping

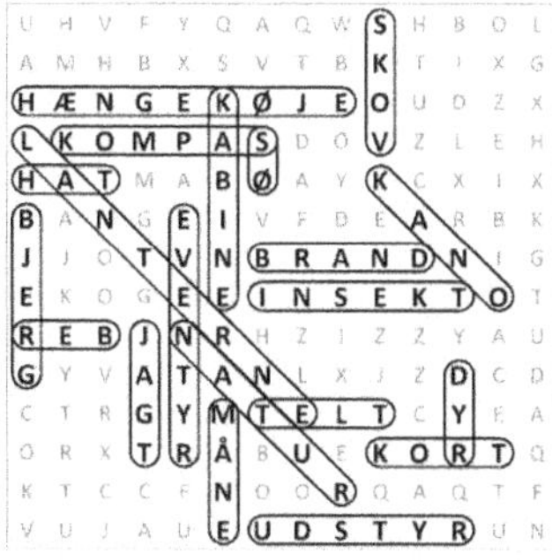

12 - Conservation

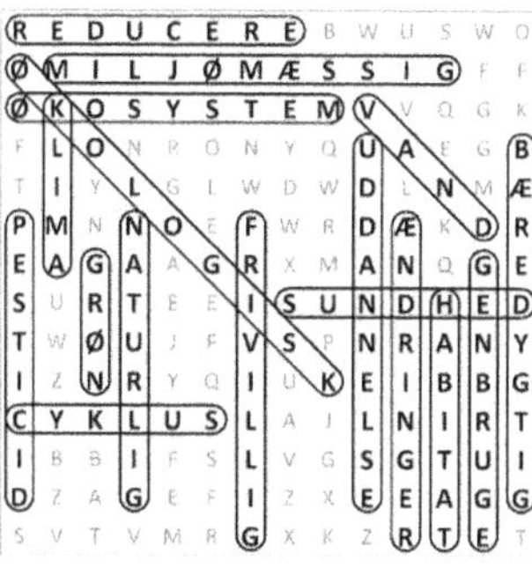

13 - Écologie

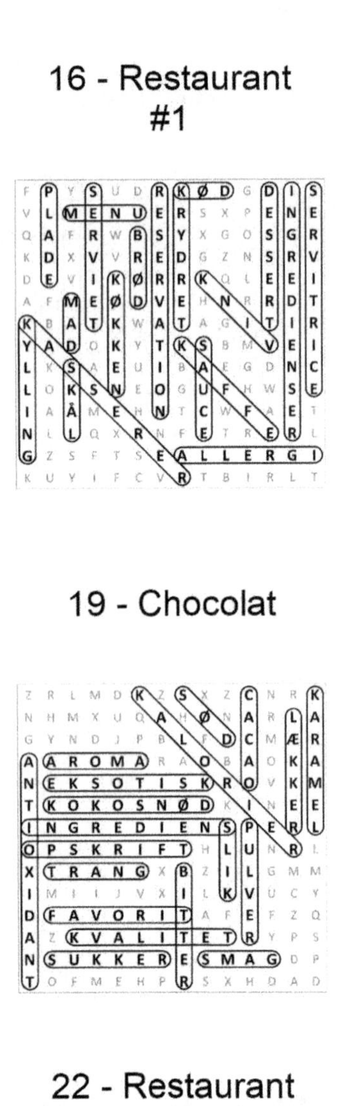

14 - Astronomie

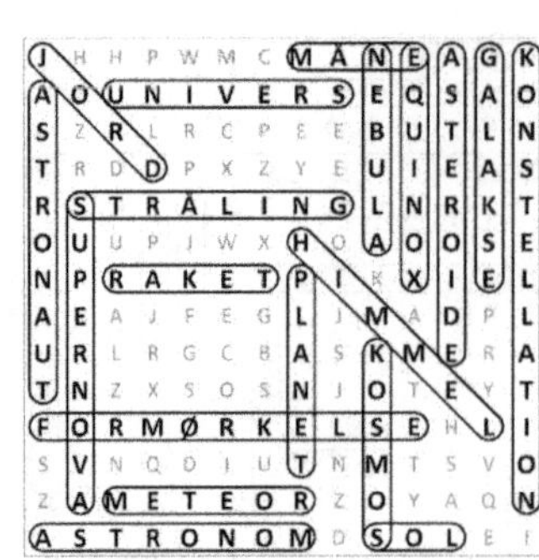

15 - Types de Cheveux

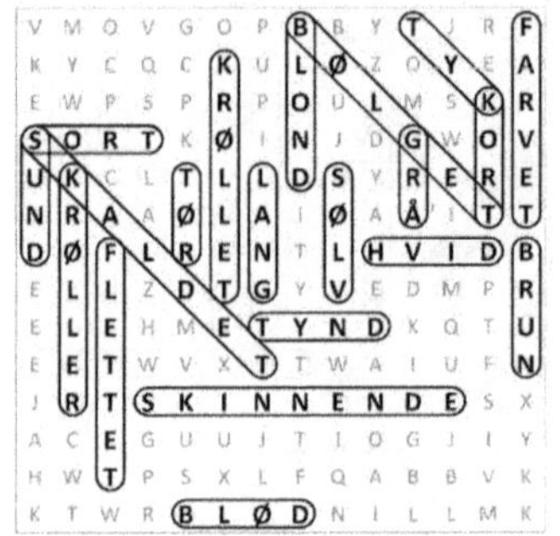

16 - Restaurant #1

17 - Mammifères

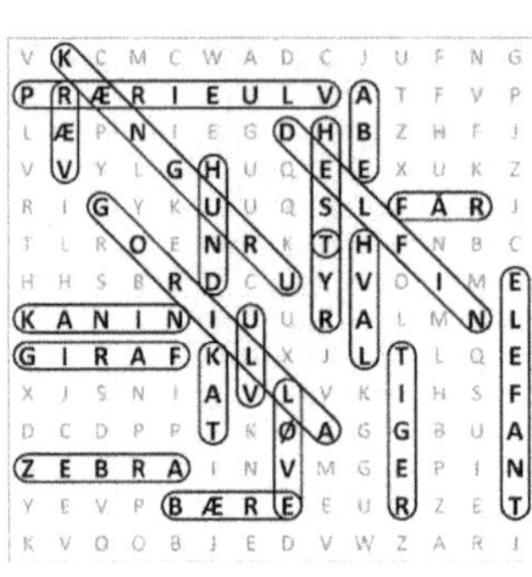

18 - Sports

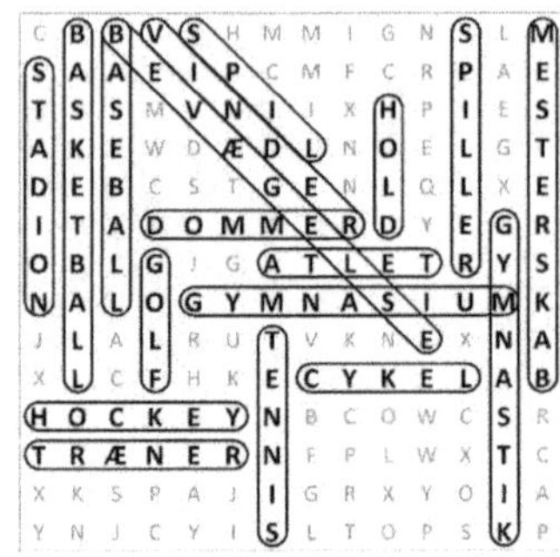

19 - Chocolat

20 - Mathématiques

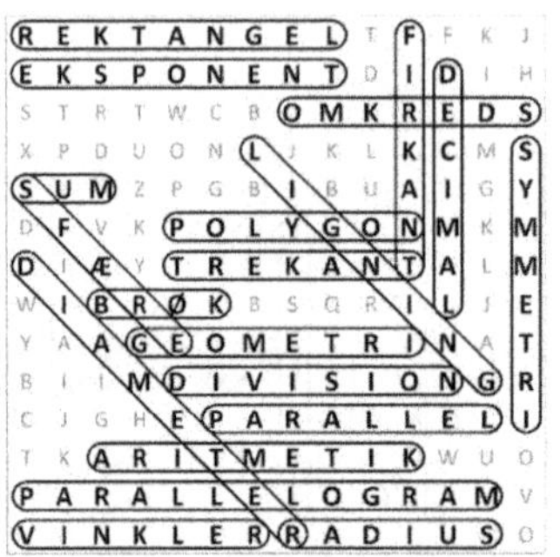

21 - Mythologie

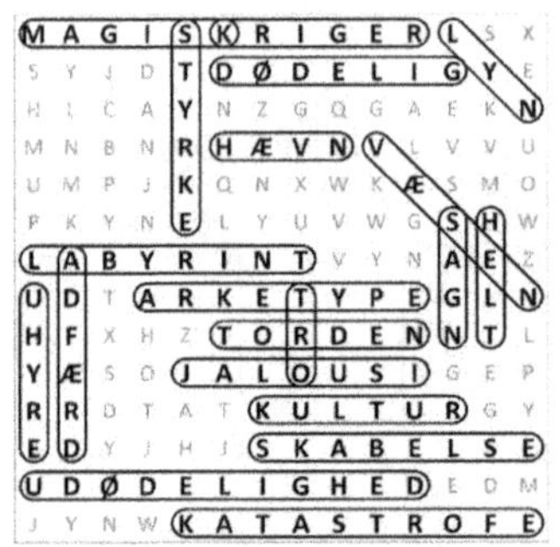

22 - Restaurant #2

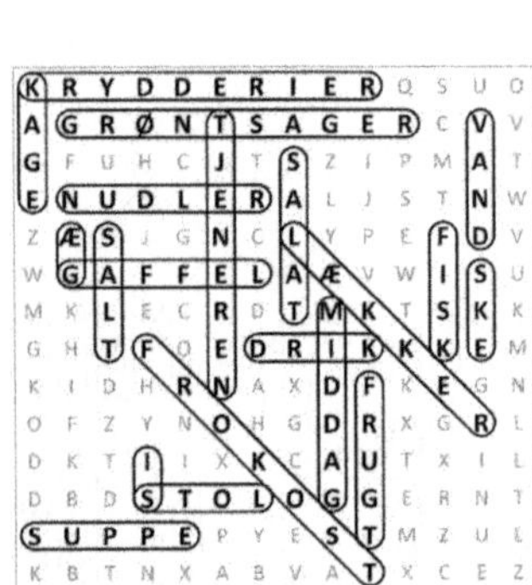

23 - Couleurs

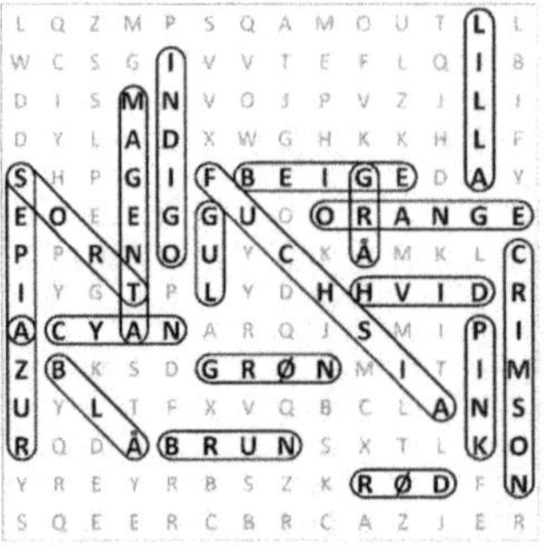

24 - Avions

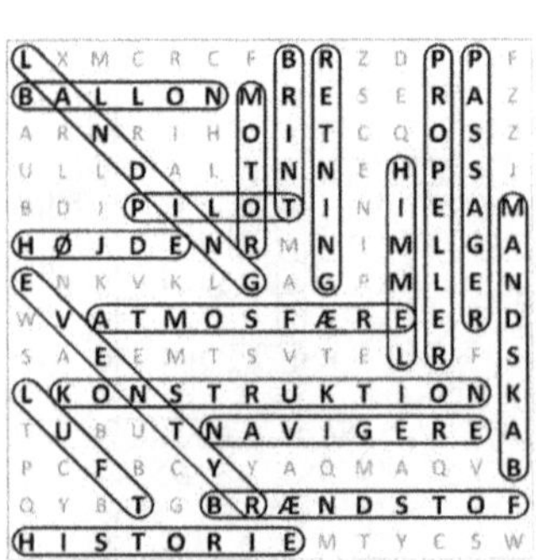

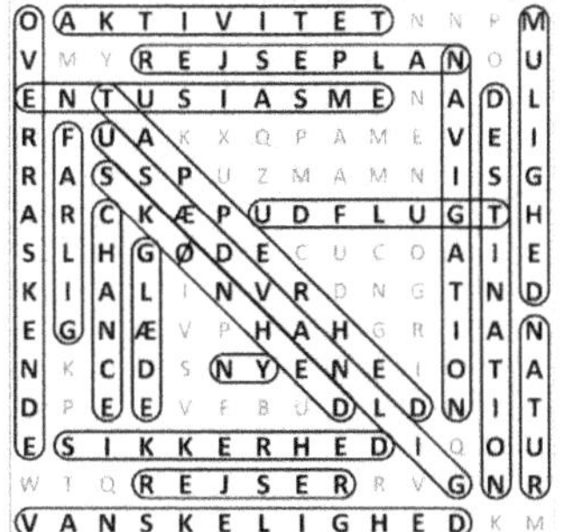

25 - Aventure

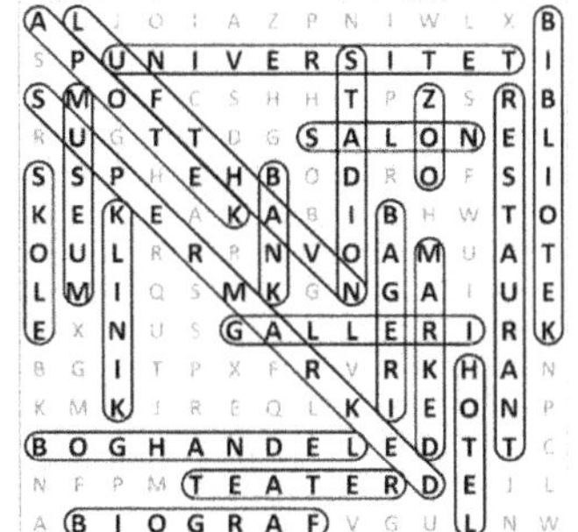

26 - Ville

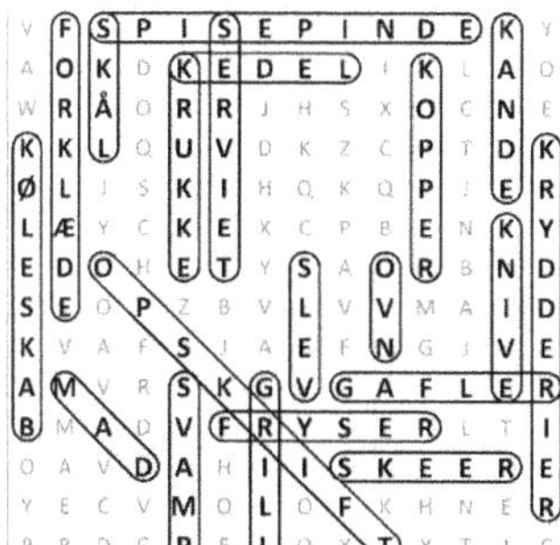

27 - Cuisine

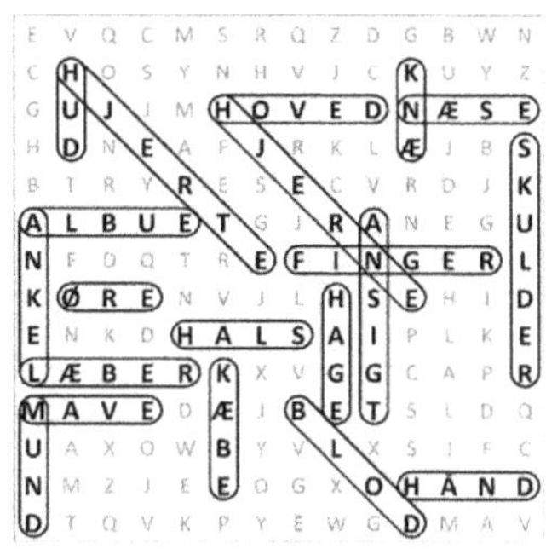

28 - Corps Humain

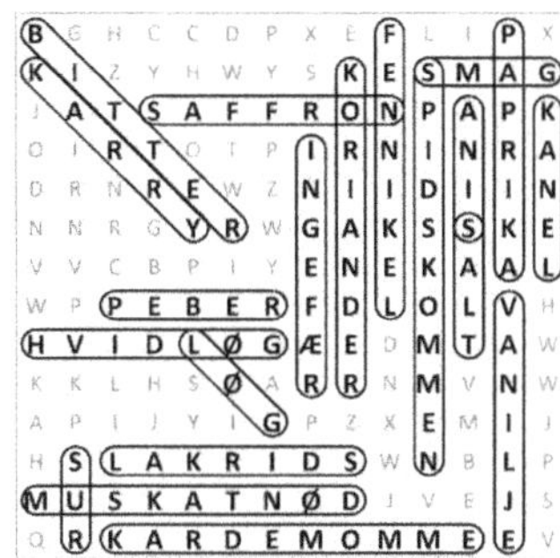

29 - Épices

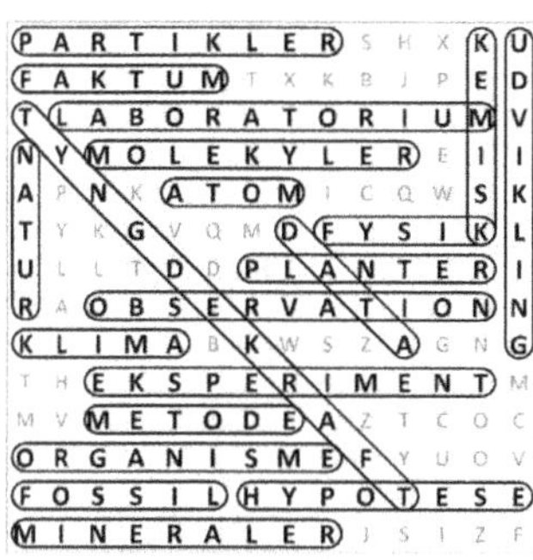

30 - Science

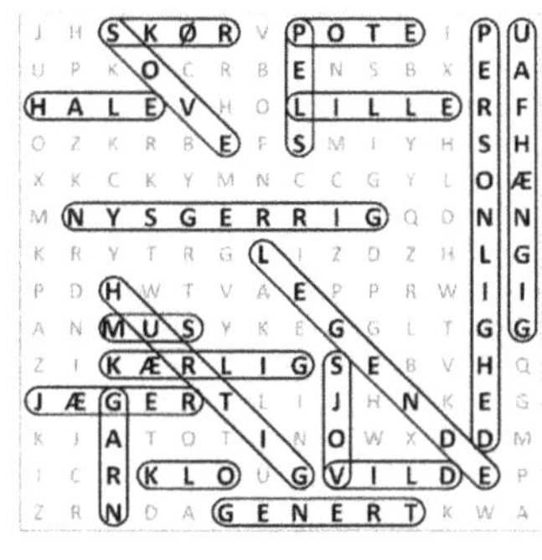

31 - Chats

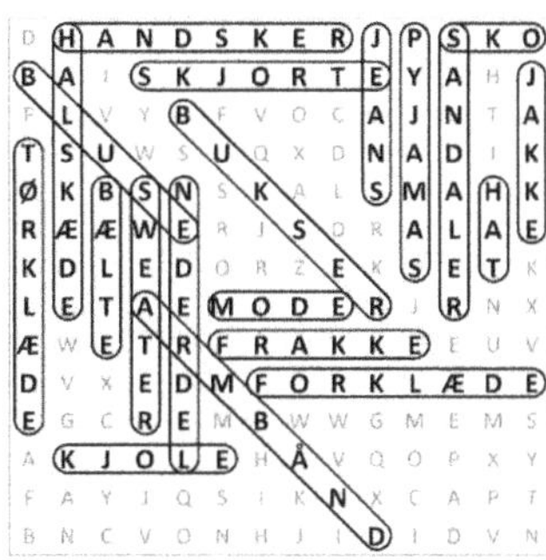

32 - Vêtements

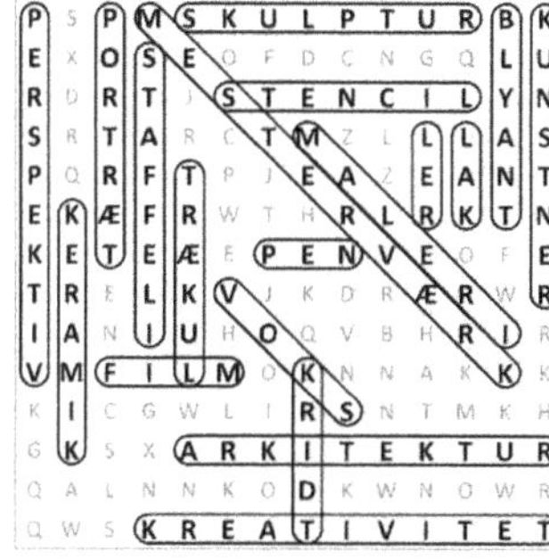

33 - Arts Visuels

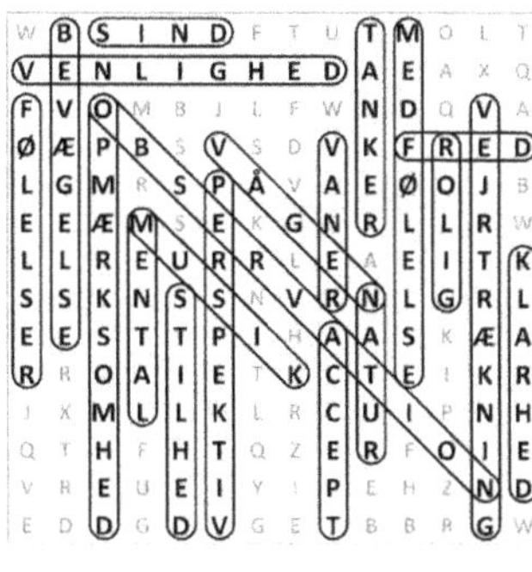

34 - Méditation

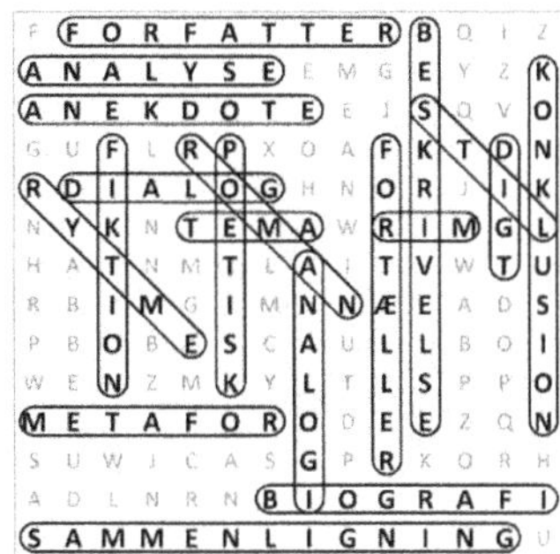

35 - Littérature

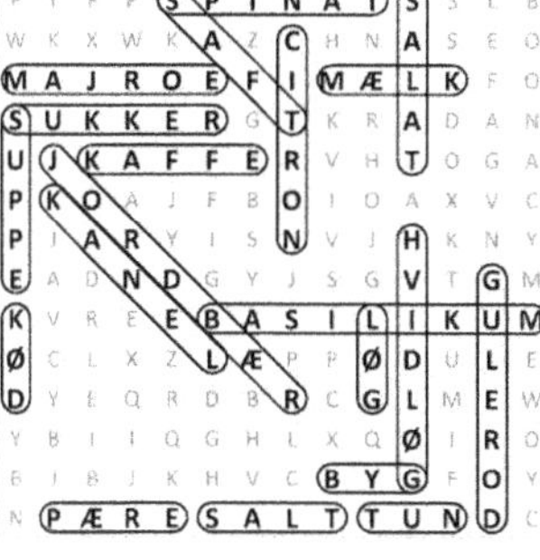

36 - Nourriture #1

37 - Jours et Mois

38 - Championnat

39 - Pirates

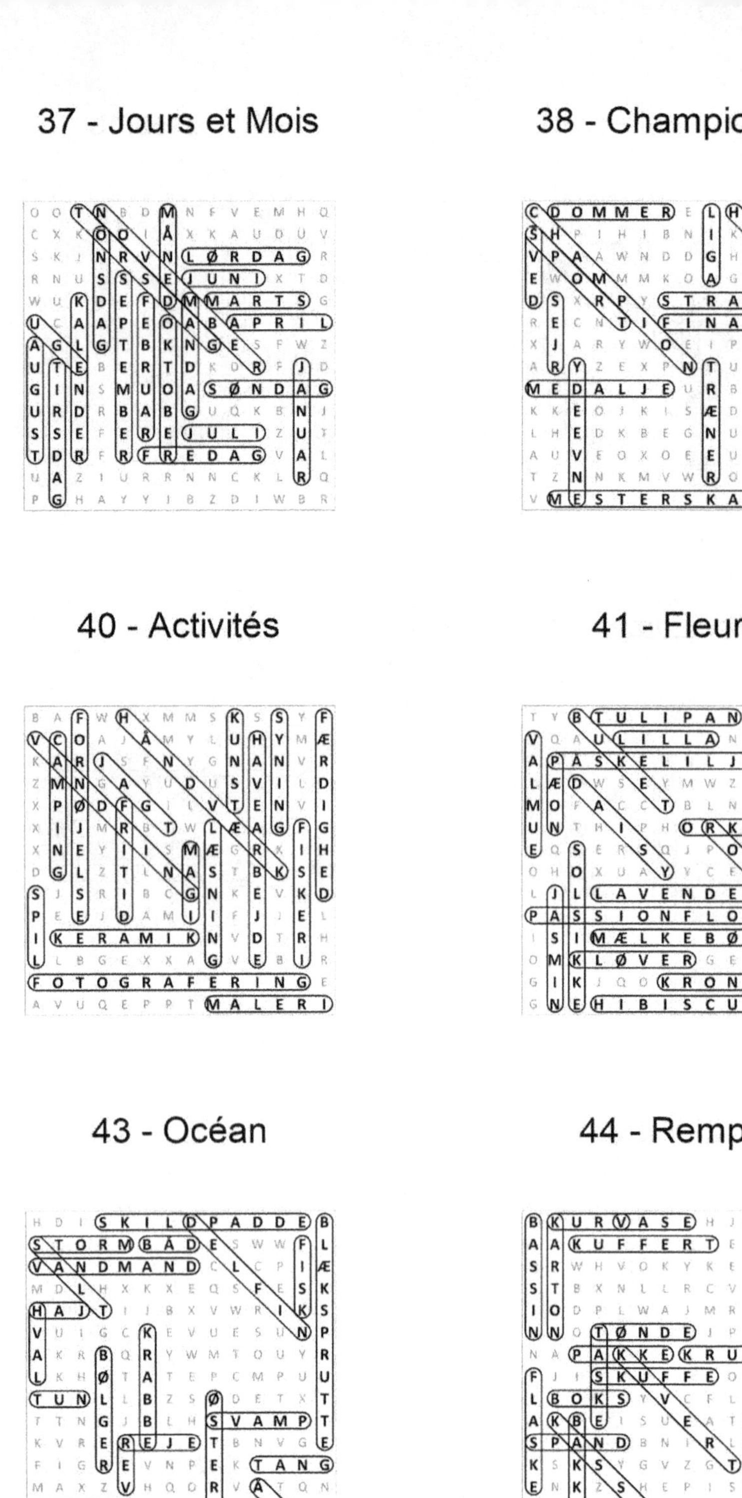

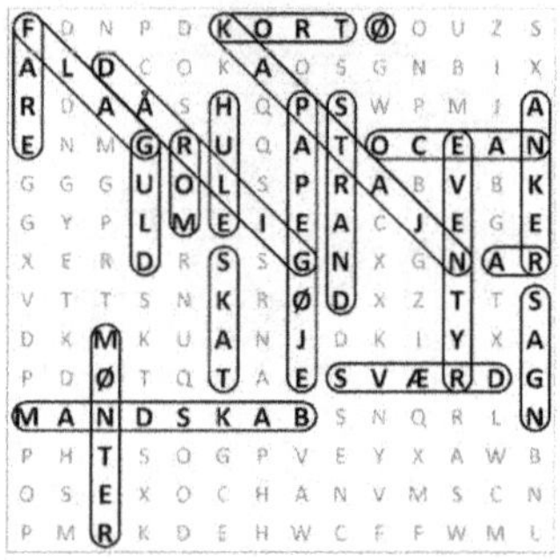

40 - Activités

41 - Fleurs

42 - Nourriture #2

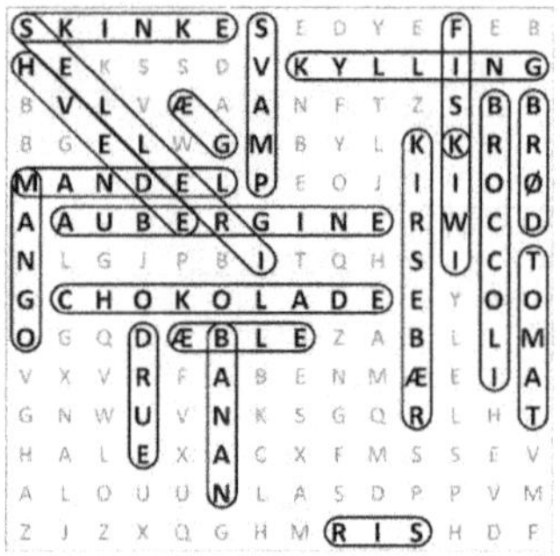

43 - Océan

44 - Remplir

45 - Ballet

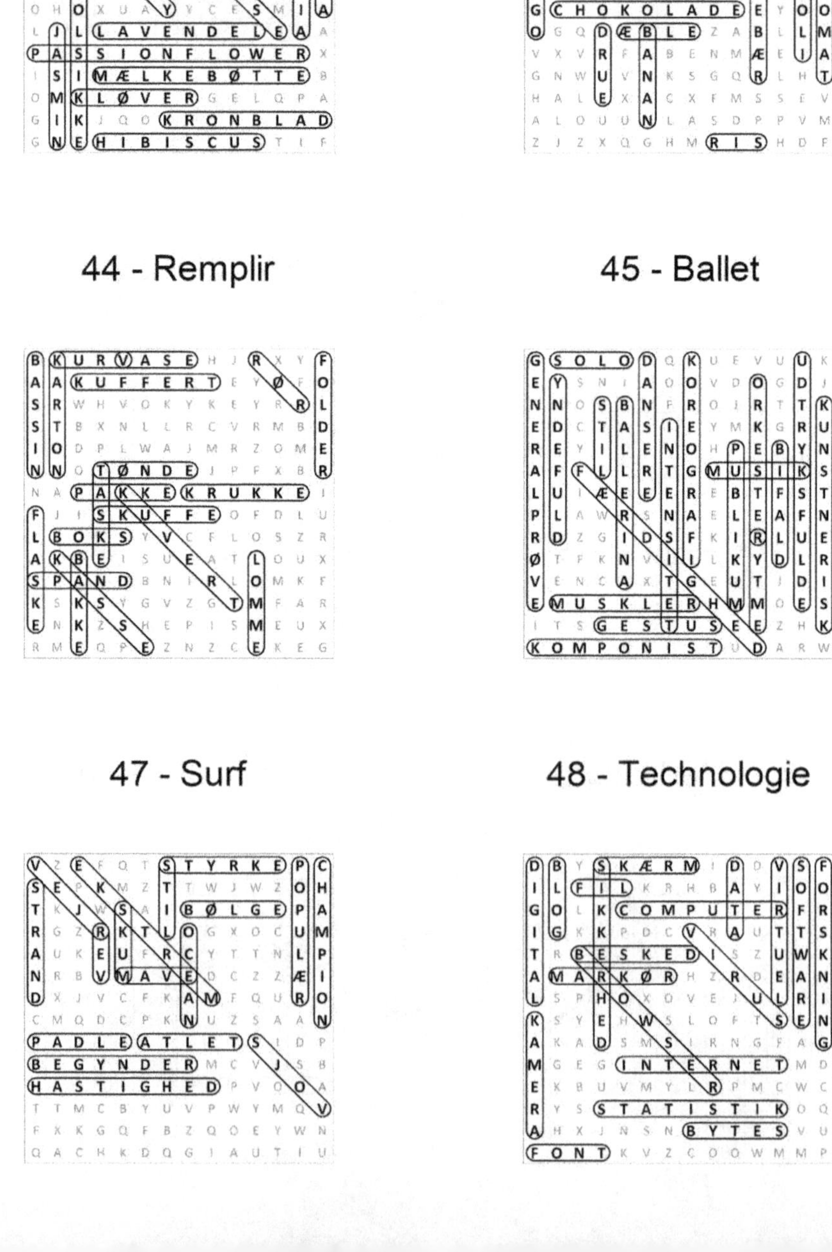

46 - Fruit

47 - Surf

48 - Technologie

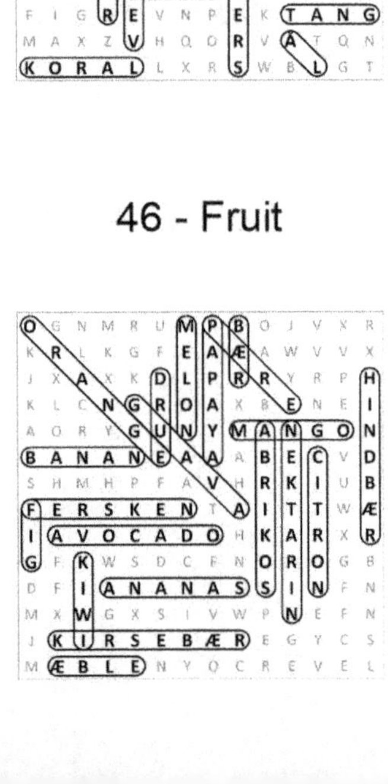

49 - Météo	50 - Châteaux	51 - Randonnée
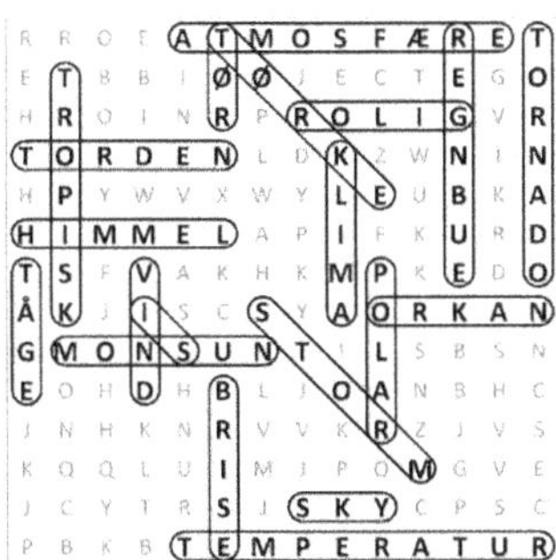	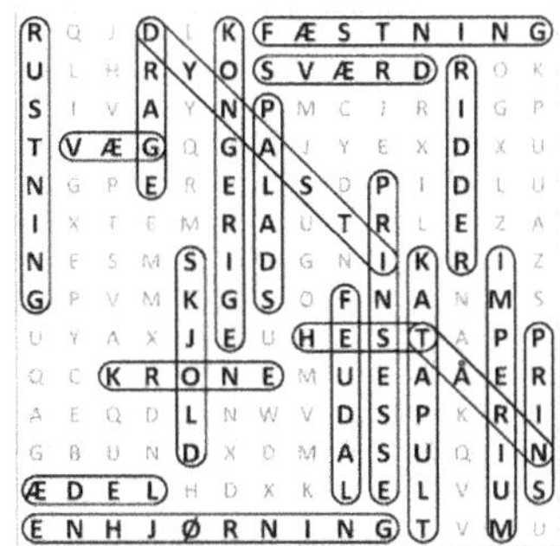	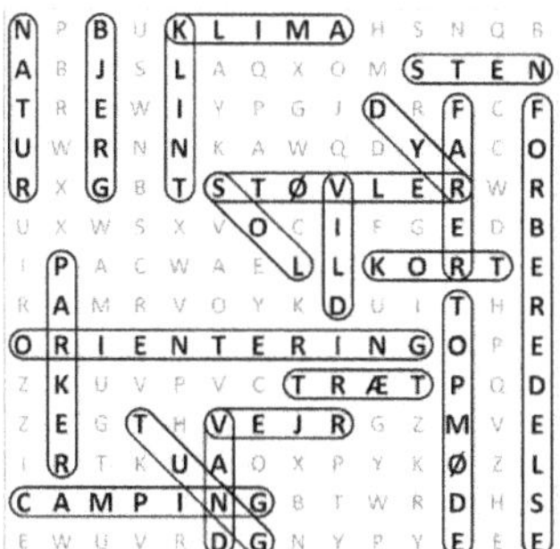
52 - Meubles	53 - Art	54 - Nutrition
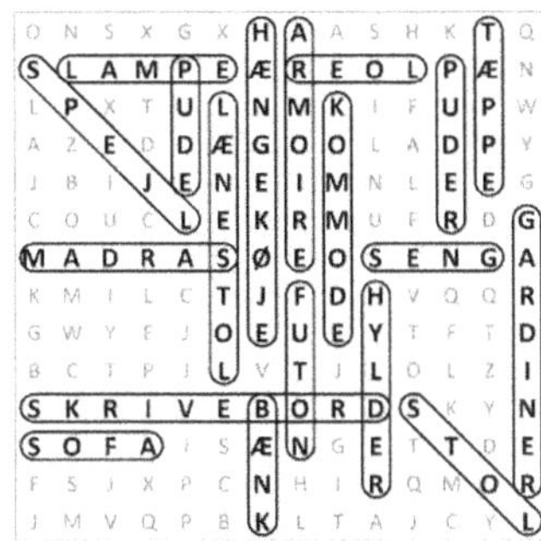	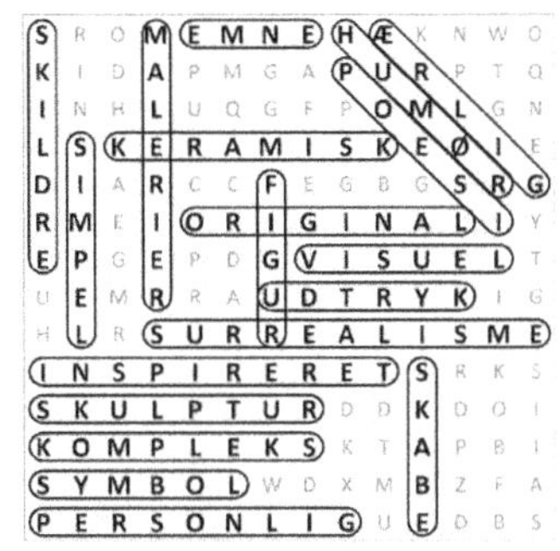	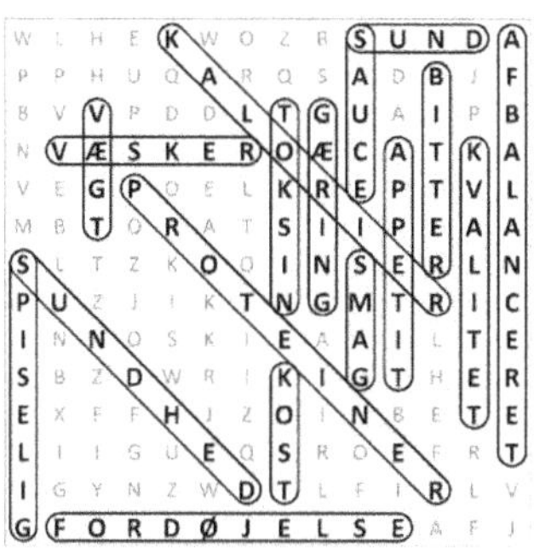
55 - Science Fiction	56 - Vertus #1	57 - Professions #1
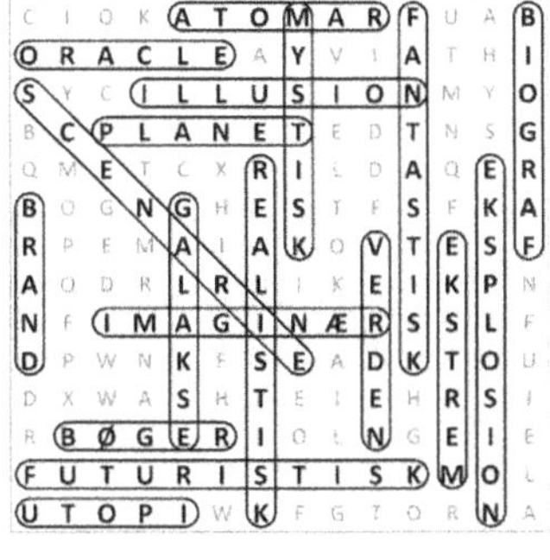	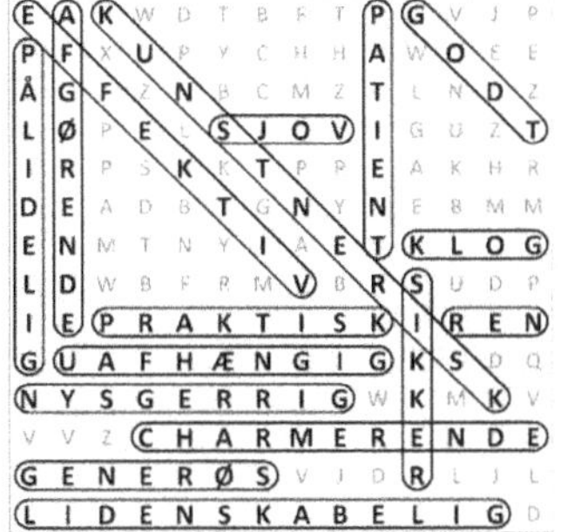	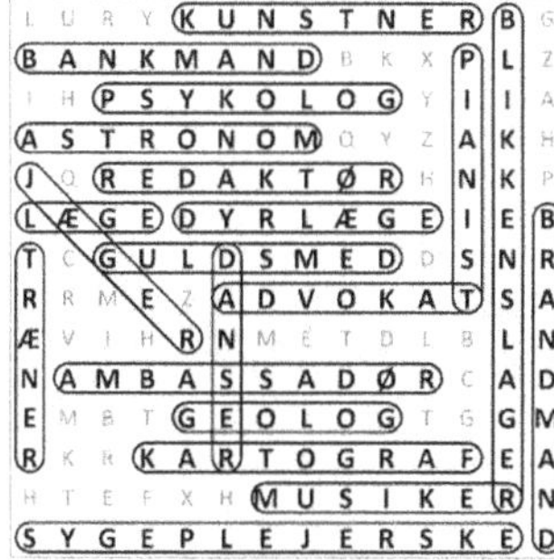
58 - Géologie	59 - Cirque	60 - Jardin
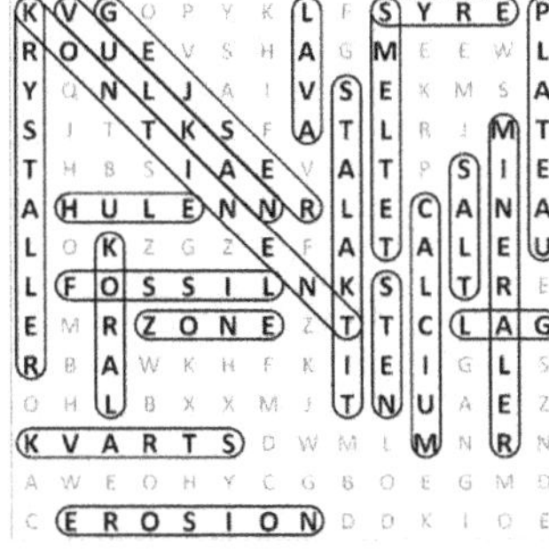	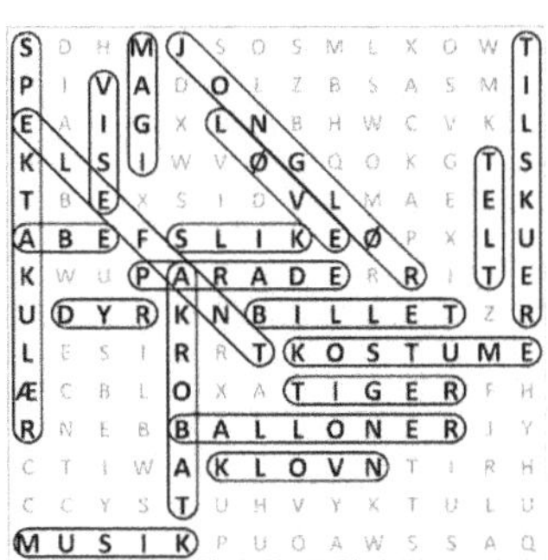	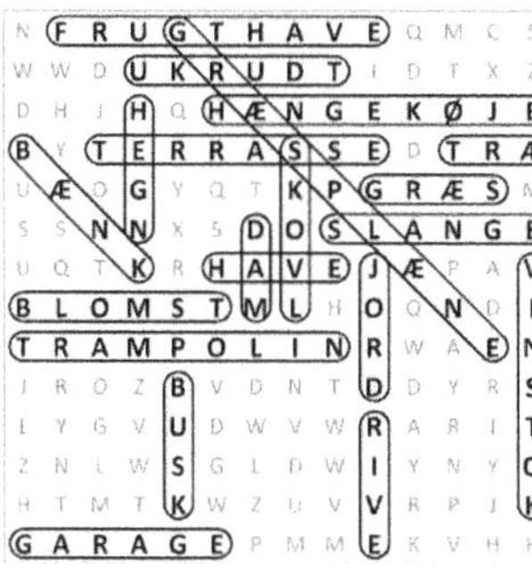

61 - Barbecues

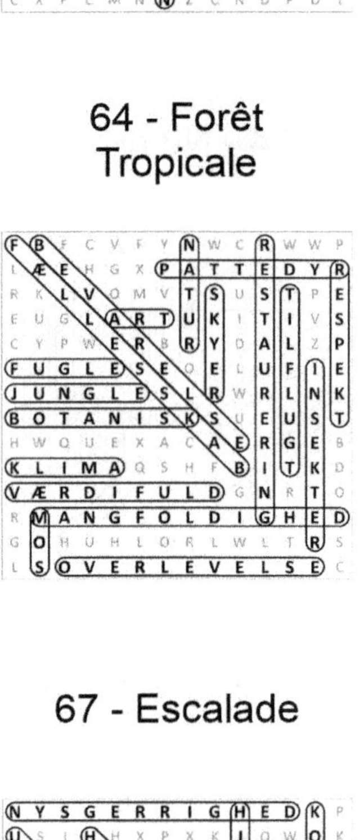

62 - Anniversaire

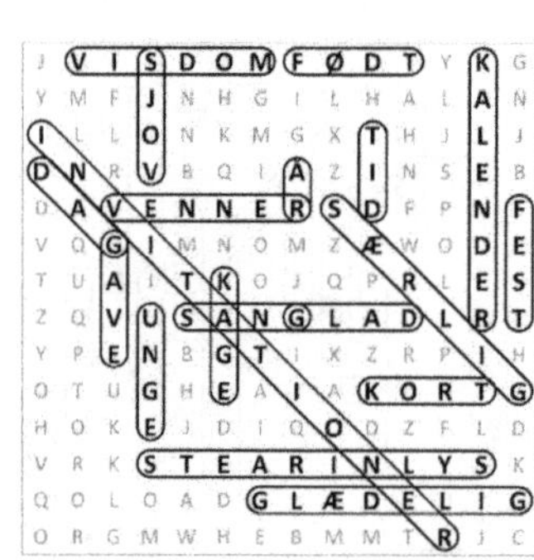

63 - Animaux de Compagnie

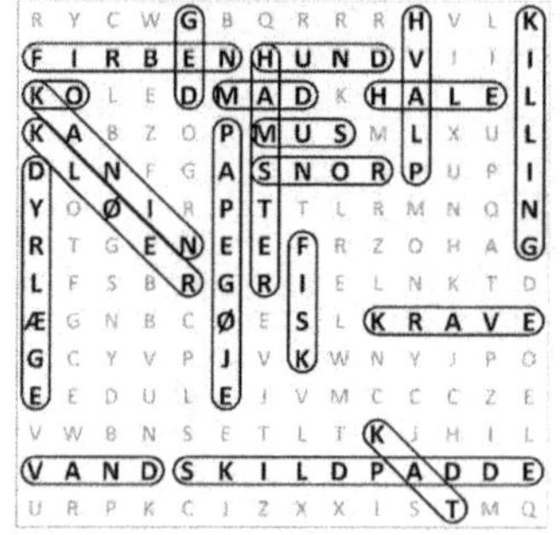

64 - Forêt Tropicale

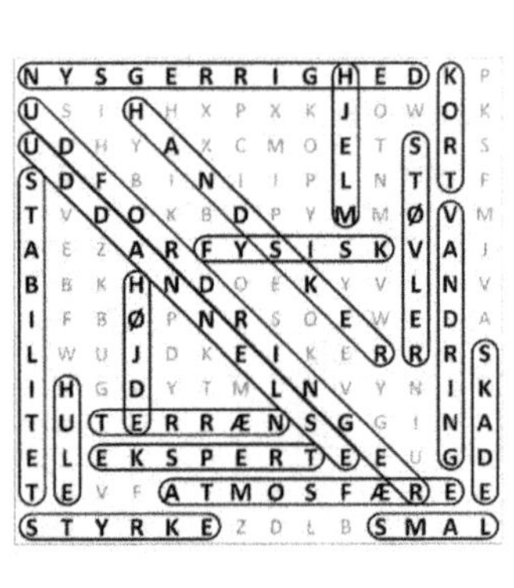

65 - Insectes

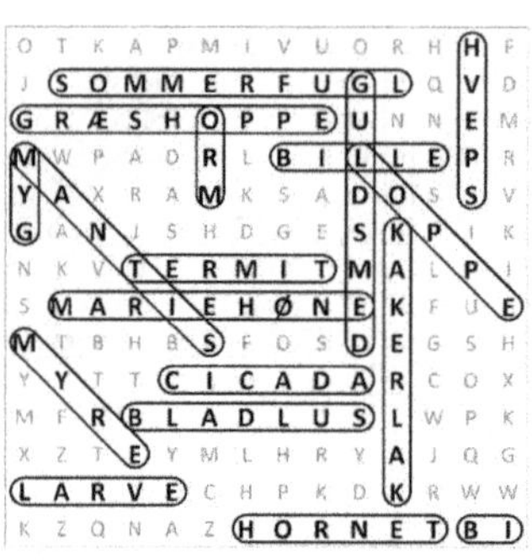

66 - Ferme #1

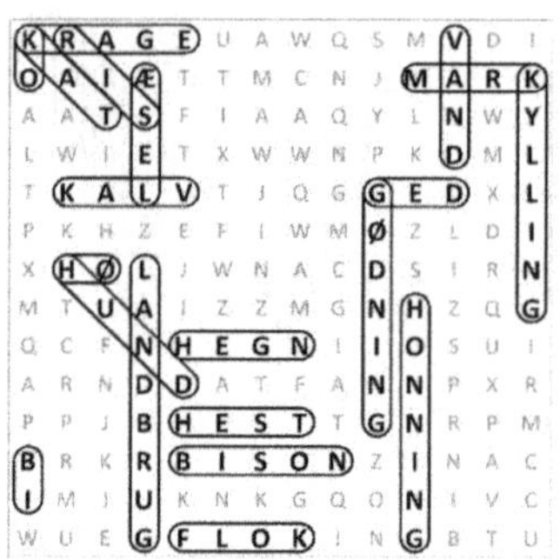

67 - Escalade

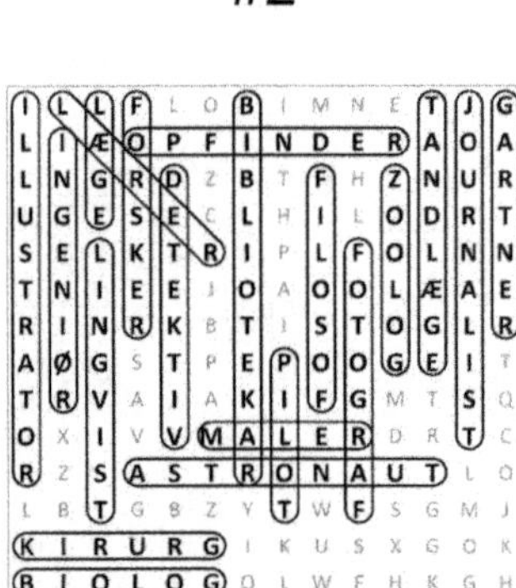

68 - École #2

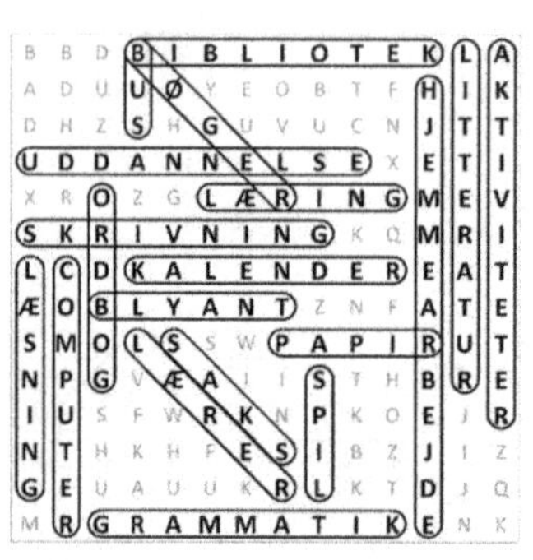

69 - Antarctique

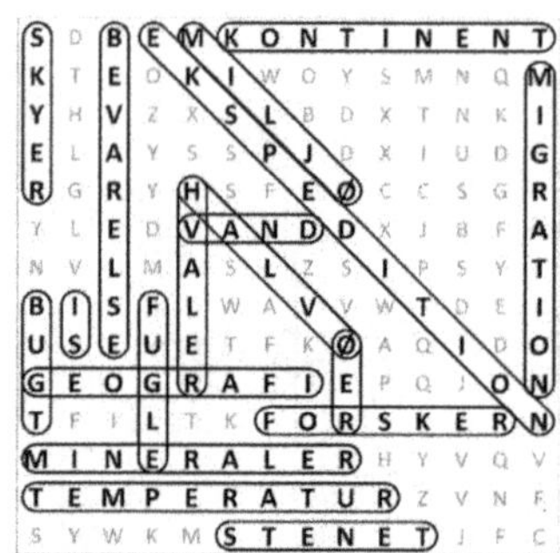

70 - Professions #2

71 - Les Abeilles

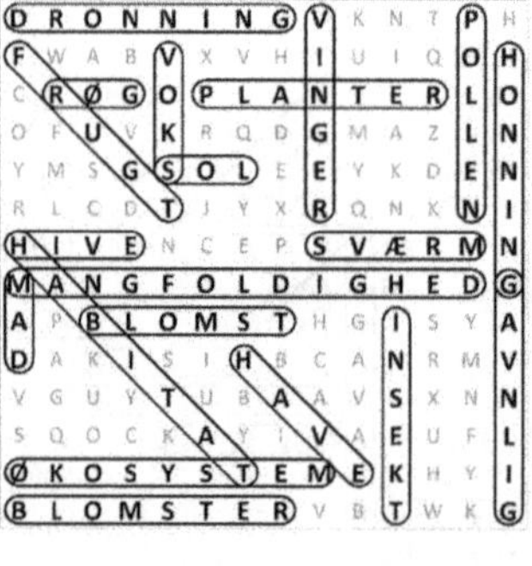

72 - Dinosaures

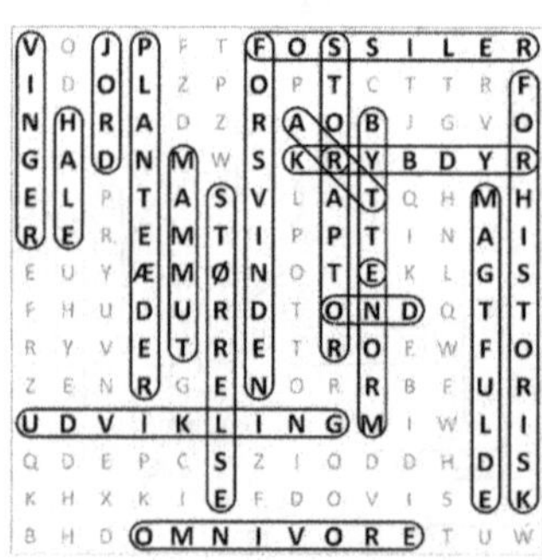

73 - Conduite

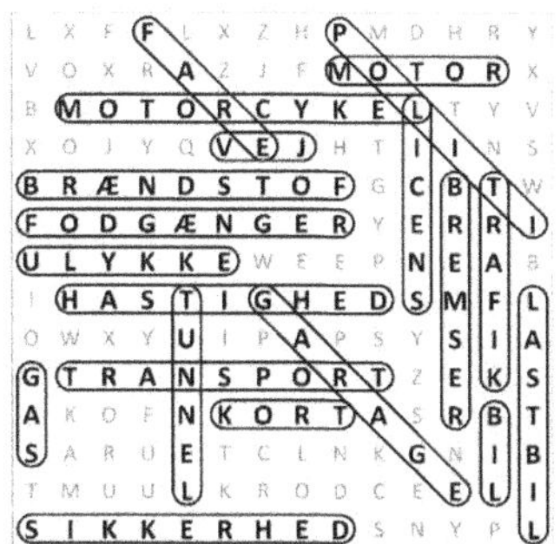

74 - Plantes

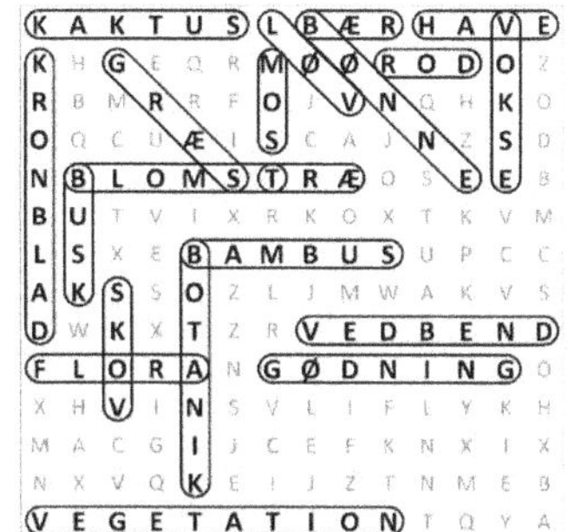

75 - Ferme #2

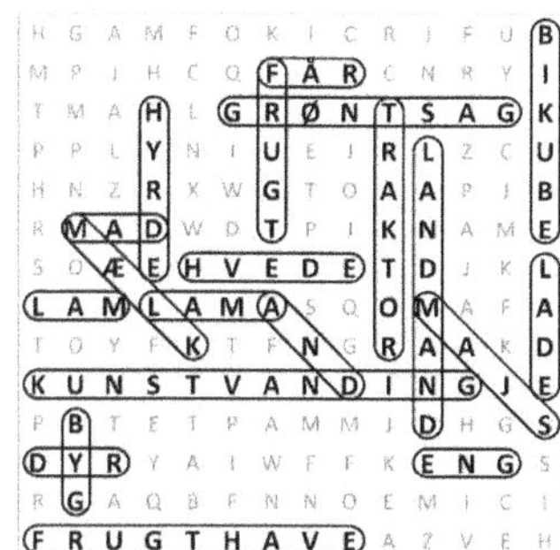

76 - École #1

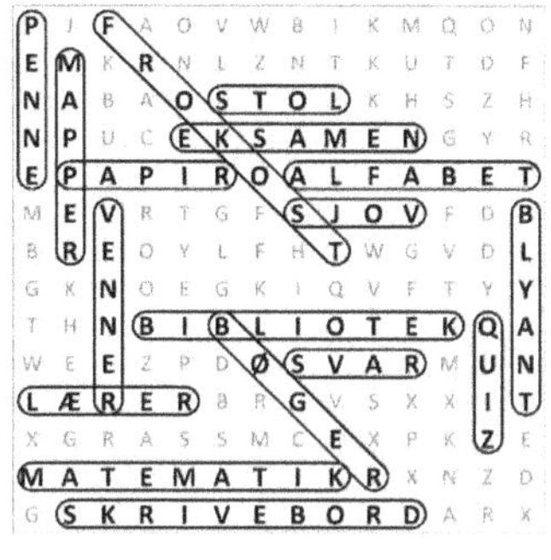

77 - Vacances #2

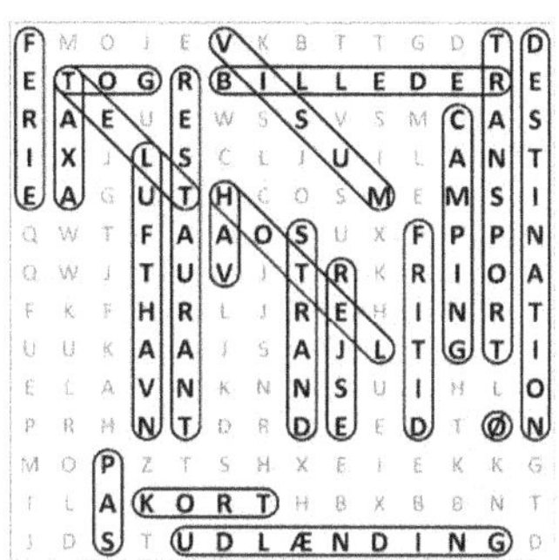

78 - Temps

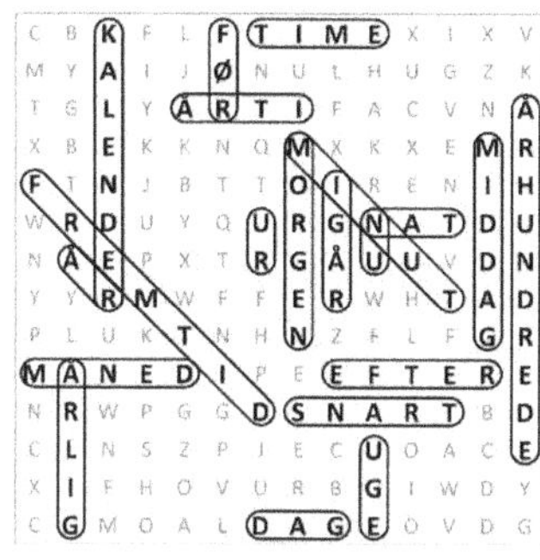

79 - Maison

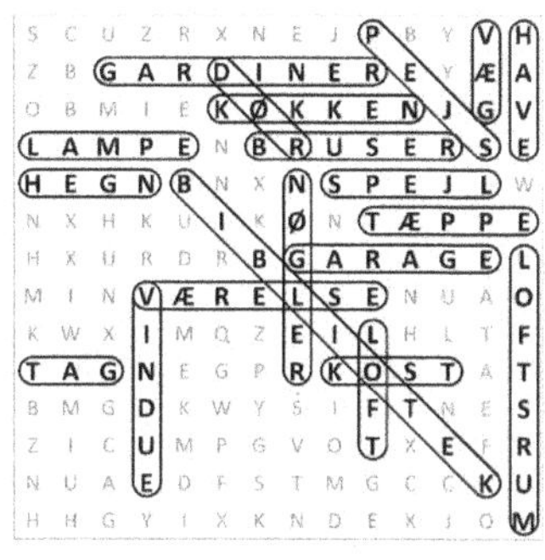

80 - Légumes

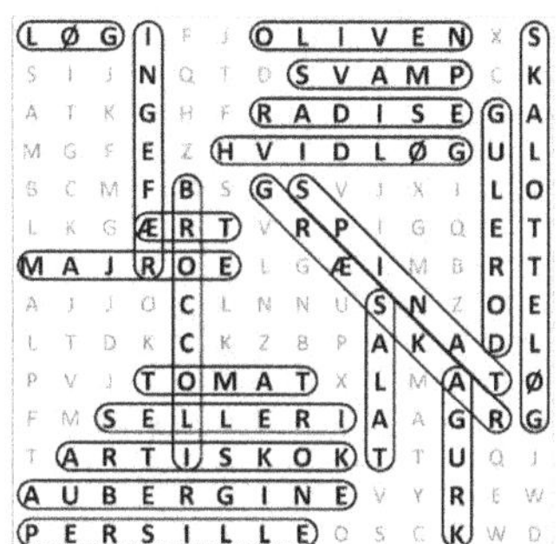

81 - Plage

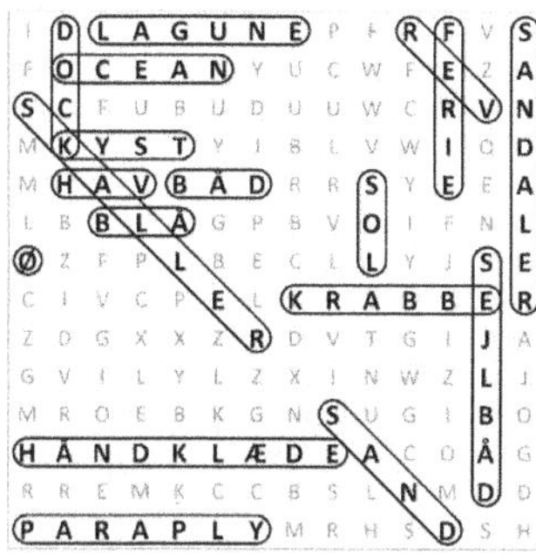

82 - Famille

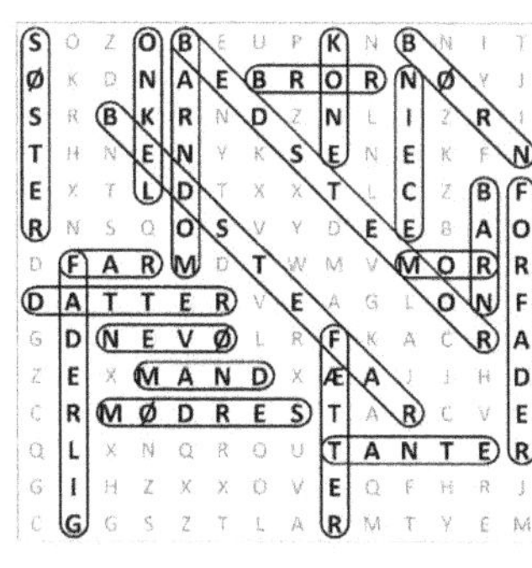

83 - Oiseaux

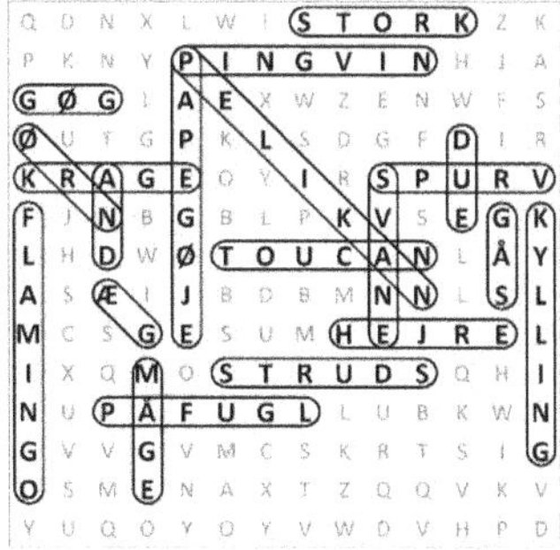

84 - Disciplines Scientifiques

85 - Émotions

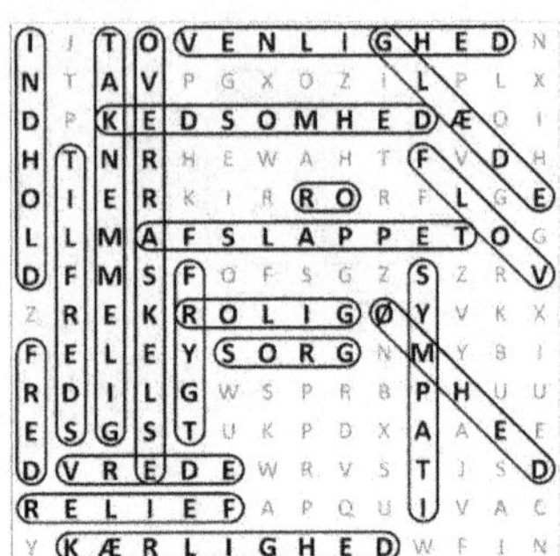

86 - Géographie

87 - Danse

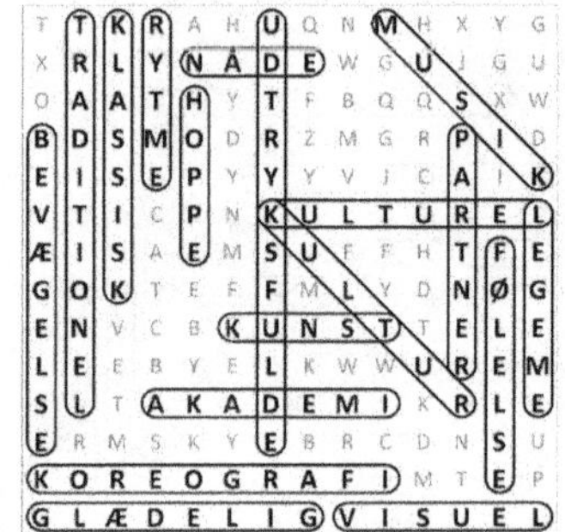

88 - Bâtiments

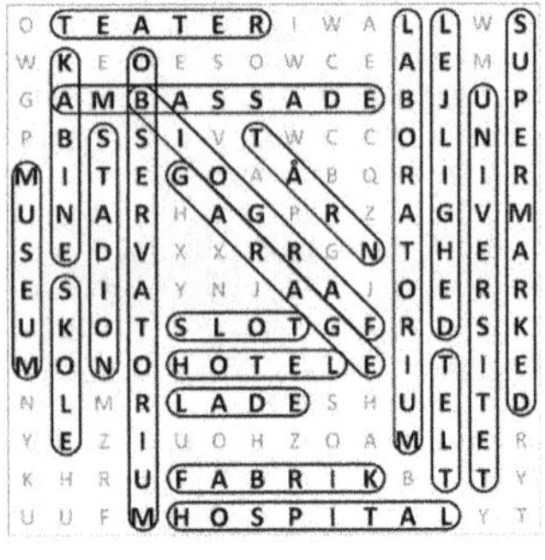

89 - Pêche

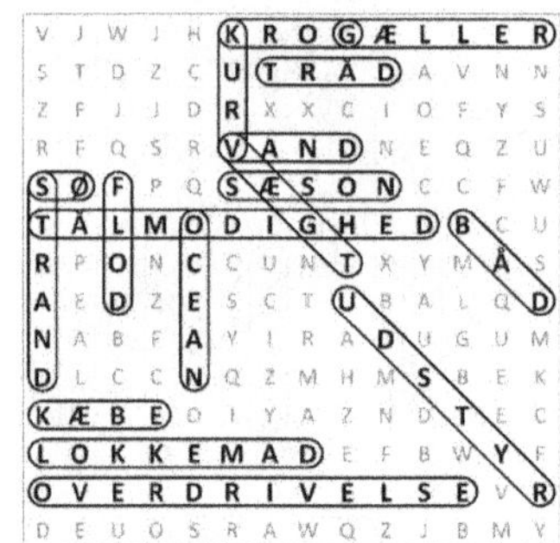

90 - Activités et Loisirs

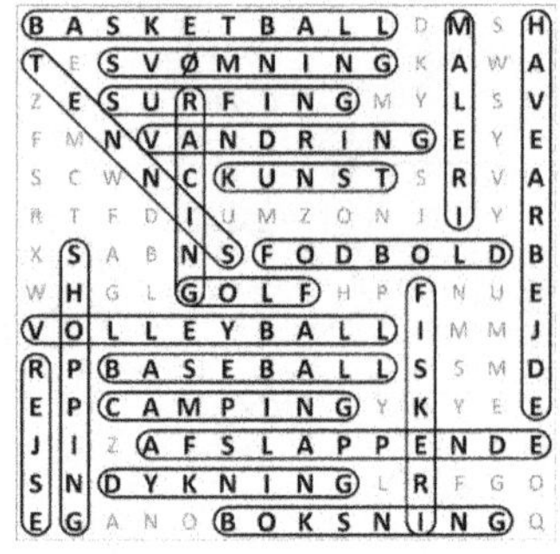

91 - Livres

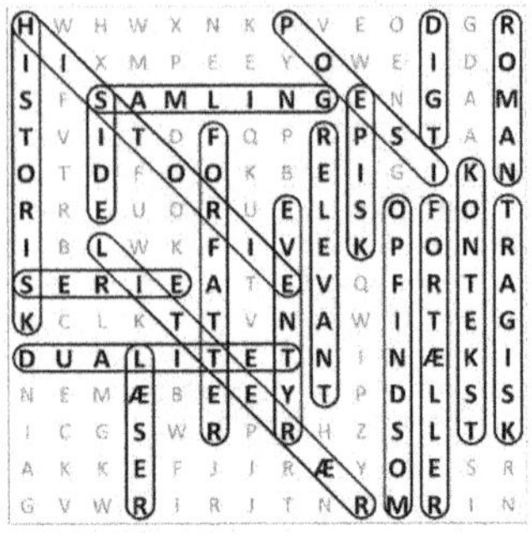

92 - Pays #2

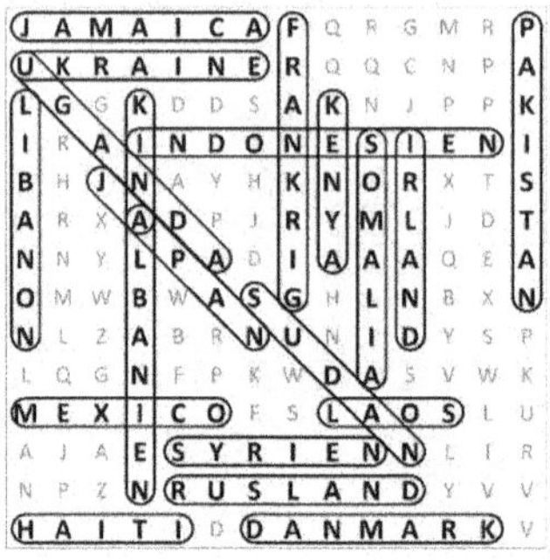

93 - Fournitures d'Art

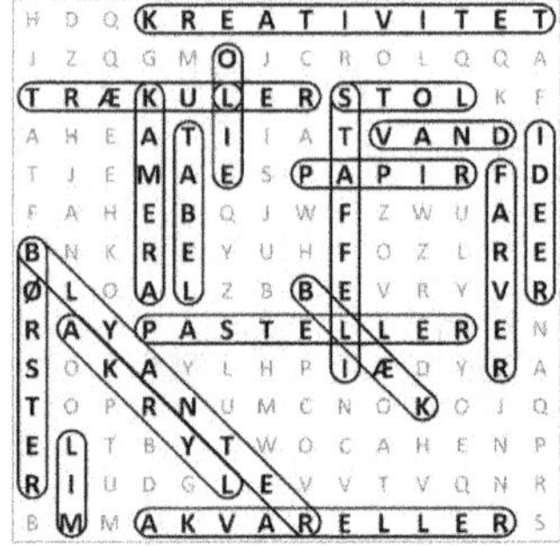

94 - Jouets

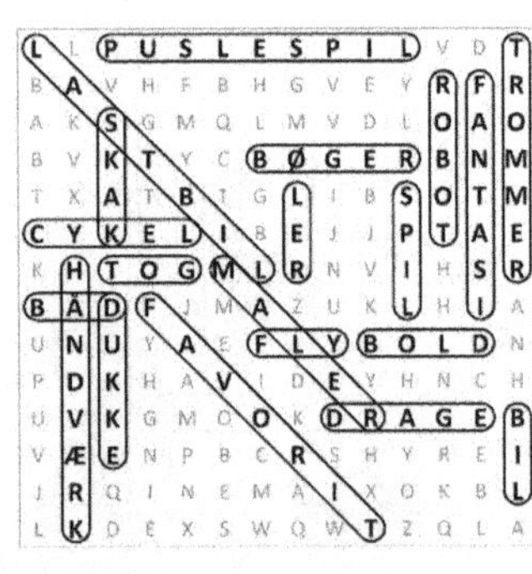

95 - Eau

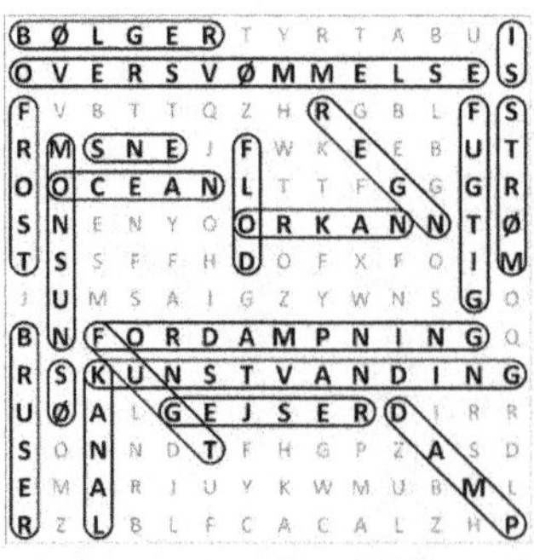

96 - Paysages

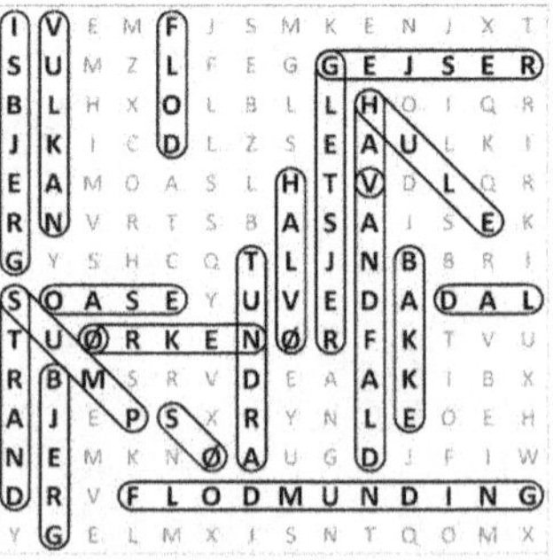

97 - Nombres

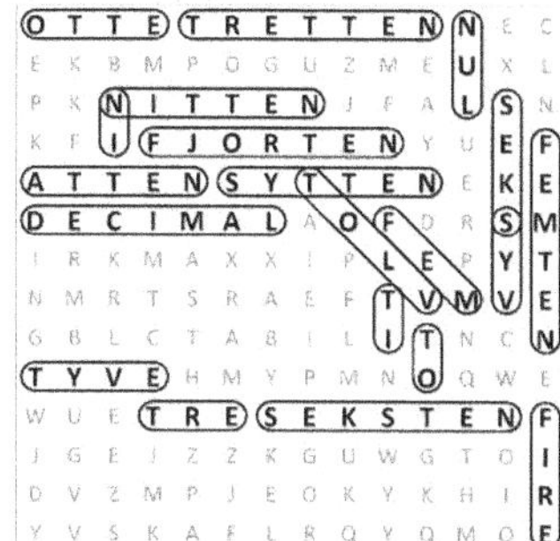

98 - Nature

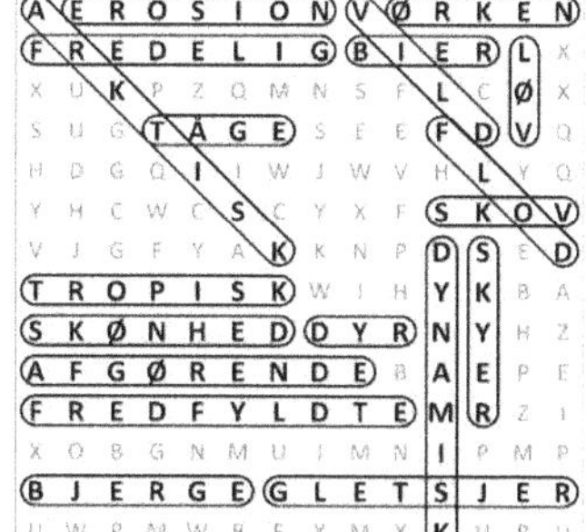

99 - Bateaux

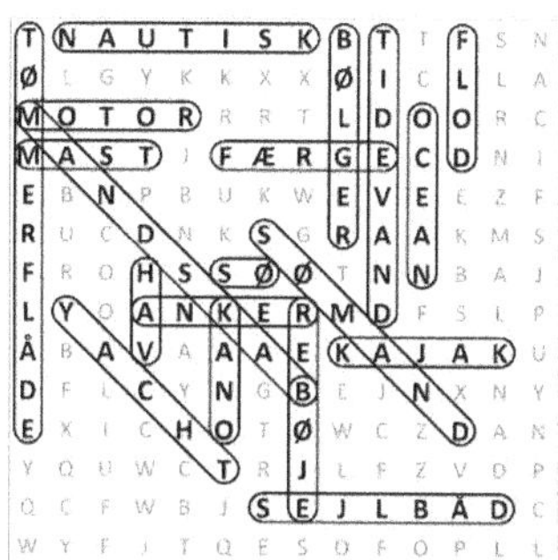

100 - Mesures

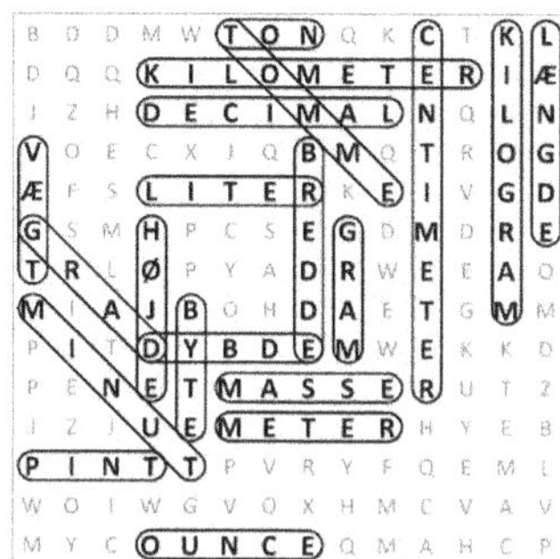

Dictionnaire

Activités
Aktiviteter

Activité	Aktivitet
Art	Kunst
Artisanat	Håndværk
Camping	Camping
Céramique	Keramik
Chasse	Jagt
Compétence	Færdighed
Couture	Syning
Intérêts	Interesser
Jardinage	Havearbejde
Jeux	Spil
Lecture	Læsning
Loisir	Fritid
Magie	Magi
Peinture	Maleri
Pêche	Fiskeri
Photographie	Fotografering
Plaisir	Fornøjelse
Randonnée	Vandring
Relaxation	Afslapning

Activités et Loisirs
Aktiviteter og Fritid

Achats	Shopping
Art	Kunst
Base-Ball	Baseball
Basket-Ball	Basketball
Boxe	Boksning
Camping	Camping
Course	Racing
Football	Fodbold
Golf	Golf
Jardinage	Havearbejde
Nager	Svømning
Peinture	Maleri
Pêche	Fiskeri
Plongée	Dykning
Randonnée	Vandring
Relaxant	Afslappende
Surf	Surfing
Tennis	Tennis
Volley-Ball	Volleyball
Voyage	Rejse

Adjectifs #1
Tillægsord #1

Absolu	Absolut
Actif	Aktiv
Ambitieux	Ambitiøs
Aromatique	Aromatisk
Artistique	Kunstnerisk
Attractif	Tiltrækkende
Beau	Smuk
Exotique	Eksotisk
Généreux	Generøs
Honnête	Ærlig
Identique	Identisk
Important	Vigtig
Innocent	Uskyldig
Jeune	Unge
Lent	Langsom
Lourd	Tung
Mince	Tynd
Moderne	Moderne
Parfait	Perfekt
Utile	Nyttig

Adjectifs #2
Tillægsord #2

Authentique	Autentisk
Célèbre	Berømt
Créatif	Kreativ
Descriptif	Beskrivende
Doué	Giftet
Dramatique	Dramatisk
Élégant	Elegant
Fier	Stolt
Fort	Stærk
Intéressant	Interessant
Naturel	Naturlig
Nouveau	Ny
Productif	Produktiv
Puissant	Magtfulde
Pur	Ren
Responsable	Ansvarlig
Sain	Sund
Salé	Saltet
Sauvage	Vild
Sec	Tør

Animaux de Compagnie
Kæledyr

Chat	Kat
Chaton	Killing
Chèvre	Ged
Chien	Hund
Chiot	Hvalp
Collier	Krave
Eau	Vand
Griffes	Kløer
Hamster	Hamster
Laisse	Snor
Lapin	Kanin
Lézard	Firben
Nourriture	Mad
Perroquet	Papegøje
Poisson	Fisk
Queue	Hale
Souris	Mus
Tortue	Skildpadde
Vache	Ko
Vétérinaire	Dyrlæge

Anniversaire
Fødselsdag

Amis	Venner
Amusement	Sjov
Année	År
Bougies	Stearinlys
Cadeau	Gave
Calendrier	Kalender
Cartes	Kort
Chanson	Sang
Fête	Fest
Gâteau	Kage
Heureux	Glad
Invitations	Invitationer
Jeune	Unge
Jour	Dag
Joyeux	Glædelig
Né	Født
Sagesse	Visdom
Spécial	Særlig
Temps	Tid

Antarctique
Antarktis

Baie	Bugt
Baleines	Hvaler
Chercheur	Forsker
Conservation	Bevarelse
Continent	Kontinent
Eau	Vand
Environnement	Miljø
Expédition	Ekspedition
Géographie	Geografi
Glace	Is
Îles	Øer
Migration	Migration
Minéraux	Mineraler
Nuage	Skyer
Oiseaux	Fugle
Péninsule	Halvø
Rocheux	Stenet
Scientifique	Videnskabelig
Température	Temperatur
Topographie	Topografi

Art
Kunst

Céramique	Keramisk
Complexe	Kompleks
Composition	Sammensætning
Créer	Skabe
Dépeindre	Skildre
Expression	Udtryk
Figure	Figur
Honnête	Ærlig
Humeur	Humør
Inspiré	Inspireret
Original	Original
Peintures	Malerier
Personnel	Personlig
Poésie	Poesi
Sculpture	Skulptur
Simple	Simpel
Sujet	Emne
Surréalisme	Surrealisme
Symbole	Symbol
Visuel	Visuel

Arts Visuels
Billedkunst

Architecture	Arkitektur
Argile	Ler
Artiste	Kunstner
Céramique	Keramik
Charbon	Trækul
Chef-D'Œuvre	Mesterværk
Chevalet	Staffeli
Cire	Voks
Composition	Sammensætning
Craie	Kridt
Crayon	Blyant
Créativité	Kreativitet
Film	Film
Peinture	Maleri
Perspective	Perspektiv
Pochoir	Stencil
Portrait	Portræt
Sculpture	Skulptur
Stylo	Pen
Vernis	Lak

Astronomie
Astronomi

Astéroïde	Asteroide
Astronaute	Astronaut
Astronome	Astronom
Ciel	Himmel
Constellation	Konstellation
Cosmos	Kosmos
Éclipse	Formørkelse
Équinoxe	Equinox
Fusée	Raket
Galaxie	Galakse
Lune	Måne
Météore	Meteor
Nébuleuse	Nebula
Observatoire	Observatorium
Planète	Planet
Radiation	Stråling
Solaire	Sol
Supernova	Supernova
Terre	Jord
Univers	Univers

Aventure
Eventyr

Activité	Aktivitet
Beauté	Skønhed
Bravoure	Tapperhed
Chance	Chance
Dangereux	Farlig
Destination	Destination
Difficulté	Vanskelighed
Enthousiasme	Entusiasme
Excursion	Udflugt
Inhabituel	Usædvanlig
Itinéraire	Rejseplan
Joie	Glæde
Nature	Natur
Navigation	Navigation
Nouveau	Ny
Opportunité	Mulighed
Préparation	Forberedelse
Sécurité	Sikkerhed
Surprenant	Overraskende
Voyages	Rejser

Avions
Fly

Air	Luft
Atmosphère	Atmosfære
Atterrissage	Landing
Aventure	Eventyr
Ballon	Ballon
Carburant	Brændstof
Ciel	Himmel
Construction	Konstruktion
Descente	Afstamning
Direction	Retning
Équipage	Mandskab
Hauteur	Højde
Hélices	Propeller
Histoire	Historie
Hydrogène	Brint
Moteur	Motor
Naviguer	Navigere
Passager	Passager
Pilote	Pilot
Turbulence	Turbulens

Ballet
Ballet

Applaudissement	Bifald
Artistique	Kunstnerisk
Ballerine	Ballerina
Chorégraphie	Koreografi
Compétence	Færdighed
Compositeur	Komponist
Danseurs	Dansere
Expressif	Udtryksfulde
Geste	Gestus
Gracieux	Yndefuld
Intensité	Intensitet
Muscles	Muskler
Musique	Musik
Orchestre	Orkester
Public	Publikum
Répétition	Generalprøve
Rythme	Rytme
Solo	Solo
Style	Stil
Technique	Teknik

Barbecues
Grillninger

Chaud	Hed
Couteaux	Knive
Déjeuner	Frokost
Dîner	Middag
Enfants	Børn
Été	Sommer
Faim	Sult
Famille	Familie
Fruit	Frugt
Gril	Grill
Jeux	Spil
Légumes	Grøntsager
Musique	Musik
Oignons	Løg
Poivre	Peber
Poulet	Kylling
Salades	Salater
Sauce	Sauce
Sel	Salt
Tomates	Tomater

Bateaux
Både

Ancre	Anker
Bouée	Bøje
Canoë	Kano
Corde	Reb
Équipage	Mandskab
Ferry	Færge
Fleuve	Flod
Kayak	Kajak
Lac	Sø
Marée	Tidevand
Marin	Sømand
Mât	Mast
Mer	Hav
Moteur	Motor
Nautique	Nautisk
Océan	Ocean
Radeau	Tømmerflåde
Vagues	Bølger
Voilier	Sejlbåd
Yacht	Yacht

Bâtiments
Bygninger

Ambassade	Ambassade
Appartement	Lejlighed
Cabine	Kabine
Château	Slot
Cinéma	Biograf
École	Skole
Garage	Garage
Grange	Lade
Hôpital	Hospital
Hôtel	Hotel
Laboratoire	Laboratorium
Musée	Museum
Observatoire	Observatorium
Stade	Stadion
Supermarché	Supermarked
Tente	Telt
Théâtre	Teater
Tour	Tårn
Université	Universitet
Usine	Fabrik

Camping
Camping

Animaux	Dyr
Aventure	Eventyr
Boussole	Kompas
Cabine	Kabine
Canoë	Kano
Carte	Kort
Chapeau	Hat
Chasse	Jagt
Corde	Reb
Équipement	Udstyr
Feu	Brand
Forêt	Skov
Hamac	Hængekøje
Insecte	Insekt
Lac	Sø
Lanterne	Lanterne
Lune	Måne
Montagne	Bjerg
Nature	Natur
Tente	Telt

Championnat
Mesterskabet

Champion	Champion
Championnat	Mesterskab
Endurance	Udholdenhed
Entraîneur	Træner
Équipe	Hold
Finaliste	Finalist
Jeux	Spil
Juge	Dommer
Ligue	Liga
Médaille	Medalje
Motivation	Motivation
Performance	Ydeevne
Sports	Sport
Stratégie	Strategi
Tournoi	Turnering
Transpiration	Sved
Victoire	Sejr

Chats
Katte

Affectueux	Kærlig
Chasseur	Jæger
Curieux	Nysgerrig
Dormir	Sove
Drôle	Sjov
Espiègle	Legende
Fil	Garn
Fou	Skør
Fourrure	Pels
Griffe	Klo
Indépendant	Uafhængig
Patte	Pote
Personnalité	Personlighed
Peu	Lille
Queue	Hale
Rapide	Hurtig
Sauvage	Vild
Souris	Mus
Timide	Genert

Châteaux
Slotte

Armure	Rustning
Bouclier	Skjold
Catapulte	Katapult
Cheval	Hest
Chevalier	Ridder
Couronne	Krone
Dragon	Drage
Dynastie	Dynasti
Empire	Imperium
Épée	Sværd
Féodal	Feudal
Forteresse	Fæstning
Licorne	Enhjørning
Mur	Væg
Noble	Ædel
Palais	Palads
Prince	Prins
Princesse	Prinsesse
Royaume	Kongerige
Tour	Tårn

Chocolat
Chokolade

Amer	Bitter
Antioxydant	Antioxidant
Arôme	Aroma
Bonbon	Slik
Cacahuètes	Jordnødder
Cacao	Cacao
Calories	Kalorier
Caramel	Karamel
Délicieux	Lækker
Doux	Sød
Envie	Trang
Exotique	Eksotisk
Favori	Favorit
Goût	Smag
Ingrédient	Ingrediens
Noix de Coco	Kokosnød
Poudre	Pulver
Qualité	Kvalitet
Recette	Opskrift
Sucre	Sukker

Cirque
Cirkus

Acrobate	Akrobat
Animaux	Dyr
Ballons	Balloner
Billet	Billet
Bonbon	Slik
Clown	Klovn
Costume	Kostume
Divertir	Underholde
Éléphant	Elefant
Jongleur	Jonglør
Lion	Løve
Magie	Magi
Montrer	Vise
Musique	Musik
Parade	Parade
Singe	Abe
Spectaculaire	Spektakulær
Spectateur	Tilskuer
Tente	Telt
Tigre	Tiger

Conduite
Kørsel

Accident	Ulykke
Camion	Lastbil
Carburant	Brændstof
Carte	Kort
Danger	Fare
Freins	Bremser
Garage	Garage
Gaz	Gas
Licence	Licens
Moteur	Motor
Moto	Motorcykel
Piéton	Fodgænger
Police	Politi
Route	Vej
Sécurité	Sikkerhed
Trafic	Trafik
Transport	Transport
Tunnel	Tunnel
Vitesse	Hastighed
Voiture	Bil

Conservation
Bevaring

Bénévole	Frivillig
Changements	Ændringer
Climat	Klima
Cycle	Cyklus
Durable	Bæredygtig
Eau	Vand
Environnemental	Miljømæssig
Écosystème	Økosystem
Éducation	Uddannelse
Habitat	Habitat
Naturel	Naturlig
Organique	Økologisk
Pesticide	Pesticid
Pollution	Forurening
Recycler	Genbruge
Réduire	Reducere
Santé	Sundhed
Vert	Grøn

Corps Humain
Menneskekroppen

Bouche	Mund
Cerveau	Hjerne
Cheville	Ankel
Cou	Hals
Coude	Albue
Cœur	Hjerte
Doigt	Finger
Estomac	Mave
Épaule	Skulder
Genou	Knæ
Lèvres	Læber
Main	Hånd
Mâchoire	Kæbe
Menton	Hage
Nez	Næse
Oreille	Øre
Peau	Hud
Sang	Blod
Tête	Hoved
Visage	Ansigt

Couleurs
Farver

Azur	Azur
Beige	Beige
Blanc	Hvid
Bleu	Blå
Cramoisi	Crimson
Cyan	Cyan
Fuchsia	Fuchsia
Gris	Grå
Indigo	Indigo
Jaune	Gul
Magenta	Magenta
Marron	Brun
Noir	Sort
Orange	Orange
Rose	Pink
Rouge	Rød
Sépia	Sepia
Vert	Grøn
Violet	Lilla

Cuisine
Køkken

Baguettes	Spisepinde
Bol	Skål
Bouilloire	Kedel
Congélateur	Fryser
Couteaux	Knive
Cruche	Kande
Cuillères	Skeer
Épices	Krydderier
Éponge	Svamp
Four	Ovn
Fourchettes	Gafler
Gril	Grill
Louche	Slev
Nourriture	Mad
Pot	Krukke
Recette	Opskrift
Réfrigérateur	Køleskab
Serviette	Serviet
Tablier	Forklæde
Tasses	Kopper

Danse
Dans

Académie	Akademi
Art	Kunst
Chorégraphie	Koreografi
Classique	Klassisk
Corps	Legeme
Culture	Kultur
Culturel	Kulturel
Expressif	Udtryksfulde
Émotion	Følelse
Grâce	Nåde
Joyeux	Glædelig
Mouvement	Bevægelse
Musique	Musik
Partenaire	Partner
Répétition	Generalprøve
Rythme	Rytme
Saut	Hoppe
Traditionnel	Traditionel
Visuel	Visuel

Dinosaures
Dinosaurer

Ailes	Vinger
Disparition	Forsvinden
Espèce	Art
Énorme	Enorm
Évolution	Udvikling
Fossiles	Fossiler
Grand	Stor
Herbivore	Planteæder
Mammouth	Mammut
Omnivore	Omnivore
Préhistorique	Forhistorisk
Proie	Bytte
Puissant	Magtfulde
Queue	Hale
Rapace	Raptor
Reptile	Krybdyr
Taille	Størrelse
Terre	Jord
Vicieux	Ond

Disciplines Scientifiques
Videnskabelige Disciplin

Anatomie	Anatomi
Archéologie	Arkæologi
Astronomie	Astronomi
Biochimie	Biokemi
Biologie	Biologi
Botanique	Botanik
Chimie	Kemi
Écologie	Økologi
Géologie	Geologi
Immunologie	Immunologi
Linguistique	Lingvistik
Mécanique	Mekanik
Météorologie	Meteorologi
Minéralogie	Mineralogi
Neurologie	Neurologi
Physiologie	Fysiologi
Psychologie	Psykologi
Sociologie	Sociologi
Thermodynamique	Termodynamik
Zoologie	Zoologi

Eau
Vand

Canal	Kanal
Douche	Bruser
Évaporation	Fordampning
Fleuve	Flod
Flux	Strøm
Gel	Frost
Geyser	Gejser
Glace	Is
Humide	Fugtig
Humidité	Fugt
Inondation	Oversvømmelse
Irrigation	Kunstvanding
Lac	Sø
Mousson	Monsun
Neige	Sne
Océan	Ocean
Ouragan	Orkan
Pluie	Regn
Vagues	Bølger
Vapeur	Damp

Escalade
Klatring

Altitude	Højde
Atmosphère	Atmosfære
Blessure	Skade
Bottes	Støvler
Carte	Kort
Casque	Hjelm
Curiosité	Nysgerrighed
Défis	Udfordringer
Expert	Ekspert
Étroit	Smal
Force	Styrke
Formation	Uddannelse
Gants	Handsker
Grotte	Hule
Physique	Fysisk
Randonnée	Vandring
Stabilité	Stabilitet
Terrain	Terræn

Exploration
Udforskning

Activité	Aktivitet
Animaux	Dyr
Courage	Mod
Cultures	Kulturer
Dangers	Farer
Découverte	Opdagelse
Détermination	Bestemmelse
Espace	Plads
Excitation	Spænding
Épuisement	Udmattelse
Inconnu	Ukendt
Langue	Sprog
Lointain	Fjern
Nouveau	Ny
Quête	Quest
Sauvage	Vild
Terrain	Terræn
Voyage	Rejse

Échecs
Skak

Adversaire	Modstander
Blanc	Hvid
Champion	Champion
Concours	Konkurrence
Défis	Udfordringer
Diagonal	Diagonal
Jeu	Spil
Joueur	Spiller
Noir	Sort
Passif	Passiv
Reine	Dronning
Règles	Regler
Roi	Konge
Sacrifice	Ofre
Stratégie	Strategi
Temps	Tid
Tournoi	Turnering

École #1
Skole #1

Alphabet	Alfabet
Amis	Venner
Amusement	Sjov
Bibliothèque	Bibliotek
Bureau	Skrivebord
Chaise	Stol
Crayon	Blyant
Des Stylos	Penne
Déjeuner	Frokost
Dossiers	Mapper
Enseignant	Lærer
Examens	Eksamen
Livres	Bøger
Math	Matematik
Papier	Papir
Quiz	Quiz
Réponses	Svar
Salle de Classe	Klasseværelse

École #2
Skole #2

Activités	Aktiviteter
Apprentissage	Læring
Bibliothèque	Bibliotek
Bus	Bus
Calendrier	Kalender
Ciseaux	Saks
Crayon	Blyant
Devoirs	Hjemmearbejde
Dictionnaire	Ordbog
Enseignant	Lærer
Écriture	Skrivning
Éducation	Uddannelse
Grammaire	Grammatik
Jeux	Spil
Lecture	Læsning
Littérature	Litteratur
Livres	Bøger
Ordinateur	Computer
Papier	Papir
Science	Videnskab

Écologie
Økologi

Bénévoles	Frivillige
Climat	Klima
Communautés	Fællesskaber
Diversité	Mangfoldighed
Durable	Bæredygtig
Espèce	Art
Faune	Fauna
Flore	Flora
Global	Global
Habitat	Habitat
Marais	Mose
Marin	Marine
Montagnes	Bjerge
Nature	Natur
Naturel	Naturlig
Plantes	Planter
Ressources	Ressourcer
Sécheresse	Tørke
Survie	Overlevelse
Végétation	Vegetation

Émotions
Følelser

Amour	Kærlighed
Calme	Rolig
Colère	Vrede
Contenu	Indhold
Détendu	Afslappet
Embarrassé	Flov
Ennui	Kedsomhed
Gentillesse	Venlighed
Joie	Glæde
Paix	Fred
Peur	Frygt
Reconnaissant	Taknemmelig
Relief	Relief
Satisfait	Tilfreds
Surprise	Overraskelse
Sympathie	Sympati
Tendresse	Ømhed
Tranquillité	Ro
Tristesse	Sorg

Épices
Krydderier

Aigre	Sur
Ail	Hvidløg
Amer	Bitter
Anis	Anis
Cannelle	Kanel
Cardamome	Kardemomme
Coriandre	Koriander
Cumin	Spidskommen
Curry	Karry
Fenouil	Fennikel
Gingembre	Ingefær
Muscade	Muskatnød
Oignon	Løg
Paprika	Paprika
Poivre	Peber
Réglisse	Lakrids
Safran	Saffron
Saveur	Smag
Sel	Salt
Vanille	Vanilje

Été
Sommer

Amis	Venner
Camping	Camping
Étoiles	Stjerner
Famille	Familie
Jardin	Have
Jeux	Spil
Joie	Glæde
Livres	Bøger
Loisir	Fritid
Mer	Hav
Musique	Musik
Nourriture	Mad
Plage	Strand
Plongée	Dykning
Relaxation	Afslapning
Sandales	Sandaler
Vacances	Ferie
Voyage	Rejse

Famille
Familie

Ancêtre	Forfader
Cousin	Fætter
Enfance	Barndom
Enfant	Barn
Enfants	Børn
Femme	Kone
Fille	Datter
Frère	Bror
Grand-Mère	Bedstemor
Grand-Père	Bedstefar
Mari	Mand
Maternel	Mødres
Mère	Mor
Neveu	Nevø
Nièce	Niece
Oncle	Onkel
Paternel	Faderlig
Père	Far
Soeur	Søster
Tante	Tante

Ferme #1
Bondegård #1

Abeille	Bi
Agriculture	Landbrug
Âne	Æsel
Bison	Bison
Champ	Mark
Chat	Kat
Cheval	Hest
Chèvre	Ged
Chien	Hund
Clôture	Hegn
Corbeau	Krage
Eau	Vand
Engrais	Gødning
Foin	Hø
Miel	Honning
Poulet	Kylling
Riz	Ris
Troupeau	Flok
Vache	Ko
Veau	Kalv

Ferme #2
Bondegård #2

Agneau	Lam
Agriculteur	Landmand
Animaux	Dyr
Berger	Hyrde
Blé	Hvede
Canard	And
Fruit	Frugt
Grange	Lade
Irrigation	Kunstvanding
Lait	Mælk
Lama	Lama
Légume	Grøntsag
Maïs	Majs
Mouton	Får
Nourriture	Mad
Orge	Byg
Pré	Eng
Ruche	Bikube
Tracteur	Traktor
Verger	Frugthave

Fleurs
Blomster

Bouquet	Buket
Gardénia	Gardenia
Hibiscus	Hibiscus
Jasmin	Jasmin
Jonquille	Påskelilje
Lavande	Lavendel
Lilas	Lilla
Lys	Lilje
Magnolia	Magnolia
Marguerite	Daisy
Orchidée	Orkide
Passiflore	Passionflower
Pavot	Valmue
Pétale	Kronblad
Pissenlit	Mælkebøtte
Pivoine	Pæon
Rose	Rose
Tournesol	Solsikke
Trèfle	Kløver
Tulipe	Tulipan

Forêt Tropicale
Regnskov

Botanique	Botanisk
Climat	Klima
Communauté	Fællesskab
Diversité	Mangfoldighed
Espèce	Art
Insectes	Insekter
Jungle	Jungle
Mammifères	Pattedyr
Mousse	Mos
Nature	Natur
Nuage	Skyer
Oiseaux	Fugle
Précieux	Værdifuld
Préservation	Bevarelse
Refuge	Tilflugt
Respect	Respekt
Restauration	Restaurering
Survie	Overlevelse

Formes
Former

Arc	Bue
Bords	Kanter
Carré	Firkant
Cercle	Cirkel
Coin	Hjørne
Courbe	Kurve
Cône	Kegle
Côté	Side
Cube	Terning
Cylindre	Cylinder
Ellipse	Ellipse
Hyperbole	Hyperbola
Ligne	Linje
Ovale	Oval
Polygone	Polygon
Prisme	Prisme
Pyramide	Pyramide
Rectangle	Rektangel
Sphère	Sfære
Triangle	Trekant

Fournitures d'Art
Kunst Forsyninger

Acrylique	Akryl
Aquarelles	Akvareller
Argile	Ler
Brosses	Børster
Caméra	Kamera
Chaise	Stol
Charbon	Trækul
Chevalet	Staffeli
Colle	Lim
Couleurs	Farver
Crayons	Blyanter
Créativité	Kreativitet
Eau	Vand
Encre	Blæk
Gomme	Viskelæder
Huile	Olie
Idées	Ideer
Papier	Papir
Pastels	Pasteller
Table	Tabel

Fruit
Frugt

Abricot	Abrikos
Ananas	Ananas
Avocat	Avocado
Baie	Bær
Banane	Banan
Cerise	Kirsebær
Citron	Citron
Figue	Fig
Framboise	Hindbær
Goyave	Guava
Kiwi	Kiwi
Mangue	Mango
Melon	Melon
Nectarine	Nektarin
Orange	Orange
Papaye	Papaya
Pêche	Fersken
Poire	Pære
Pomme	Æble
Raisin	Drue

Géographie
Geografi

Altitude	Højde
Atlas	Atlas
Carte	Kort
Continent	Kontinent
Fleuve	Flod
Hémisphère	Halvkugle
Île	Ø
Latitude	Breddegrad
Mer	Hav
Méridien	Meridian
Monde	Verden
Montagne	Bjerg
Nord	Nord
Océan	Ocean
Ouest	Vest
Pays	Land
Région	Region
Sud	Syd
Territoire	Territorium
Ville	By

Géologie
Geologi

Acide	Syre
Calcium	Calcium
Caverne	Hule
Continent	Kontinent
Corail	Koral
Couche	Lag
Cristaux	Krystaller
Érosion	Erosion
Fondu	Smeltet
Fossile	Fossil
Geyser	Gejser
Lave	Lava
Minéraux	Mineraler
Pierre	Sten
Plateau	Plateau
Quartz	Kvarts
Sel	Salt
Stalactite	Stalaktit
Volcan	Vulkan
Zone	Zone

Herboristerie
Herbalisme

Ail	Hvidløg
Aromatique	Aromatisk
Basilic	Basilikum
Bénéfique	Gavnlig
Culinaire	Kulinarisk
Estragon	Estragon
Fenouil	Fennikel
Fleur	Blomst
Ingrédient	Ingrediens
Jardin	Have
Lavande	Lavendel
Marjolaine	Merian
Menthe	Mynte
Persil	Persille
Qualité	Kvalitet
Romarin	Rosmarin
Safran	Saffron
Saveur	Smag
Thym	Timian
Vert	Grøn

Insectes
Insekter

Abeille	Bi
Cafard	Kakerlak
Cigale	Cicada
Coccinelle	Mariehøne
Fourmi	Myre
Frelon	Hornet
Guêpe	Hveps
Larve	Larve
Libellule	Guldsmed
Mante	Mantis
Moustique	Myg
Papillon	Sommerfugl
Puce	Loppe
Puceron	Bladlus
Sauterelle	Græshoppe
Scarabée	Bille
Termite	Termit
Ver	Orm

Instruments de Musique
Musikinstrumenter

Banjo	Banjo
Basson	Fagot
Clarinette	Klarinet
Flûte	Fløjte
Gong	Gong
Guitare	Guitar
Harmonica	Harmonika
Harpe	Harpe
Hautbois	Obo
Mandoline	Mandolin
Marimba	Marimba
Percussion	Perkussion
Piano	Klaver
Saxophone	Saxofon
Tambour	Tromme
Tambourin	Tamburin
Trombone	Basun
Trompette	Trompet
Violon	Violin
Violoncelle	Cello

Jardin
Have

Arbre	Træ
Banc	Bænk
Buisson	Busk
Clôture	Hegn
Étang	Dam
Fleur	Blomst
Garage	Garage
Hamac	Hængekøje
Herbe	Græs
Jardin	Have
Mauvaises Herbes	Ukrudt
Pelle	Skovl
Pelouse	Græsplæne
Râteau	Rive
Sol	Jord
Terrasse	Terrasse
Trampoline	Trampolin
Tuyau	Slange
Verger	Frugthave
Vigne	Vinstok

Jouets
Legetøj

Argile	Ler
Artisanat	Håndværk
Avion	Fly
Balle	Bold
Bateau	Båd
Camion	Lastbil
Cerf-Volant	Drage
Échecs	Skak
Favori	Favorit
Imagination	Fantasi
Jeux	Spil
Livres	Bøger
Peinture	Maler
Poupée	Dukke
Puzzle	Puslespil
Robot	Robot
Tambours	Trommer
Train	Tog
Vélo	Cykel
Voiture	Bil

Jours et Mois
Dage og Måneder

Août	August
Avril	April
Calendrier	Kalender
Dimanche	Søndag
Février	Februar
Janvier	Januar
Jeudi	Torsdag
Juillet	Juli
Juin	Juni
Lundi	Mandag
Mardi	Tirsdag
Mars	Marts
Mercredi	Onsdag
Mois	Måned
Novembre	November
Octobre	Oktober
Samedi	Lørdag
Semaine	Uge
Septembre	September
Vendredi	Fredag

Les Abeilles
Bier

Ailes	Vinger
Bénéfique	Gavnlig
Cire	Voks
Diversité	Mangfoldighed
Essaim	Sværm
Écosystème	Økosystem
Fleur	Blomst
Fleurs	Blomster
Fruit	Frugt
Fumée	Røg
Habitat	Habitat
Insecte	Insekt
Jardin	Have
Miel	Honning
Nourriture	Mad
Plantes	Planter
Pollen	Pollen
Reine	Dronning
Ruche	Hive
Soleil	Sol

Légumes
Grøntsager

Ail	Hvidløg
Artichaut	Artiskok
Aubergine	Aubergine
Brocoli	Broccoli
Carotte	Gulerod
Céleri	Selleri
Champignon	Svamp
Citrouille	Græskar
Concombre	Agurk
Échalote	Skalotteløg
Épinard	Spinat
Gingembre	Ingefær
Navet	Majroe
Oignon	Løg
Olive	Oliven
Persil	Persille
Pois	Ært
Radis	Radise
Salade	Salat
Tomate	Tomat

Littérature
Litteratur

Analogie	Analogi
Analyse	Analyse
Anecdote	Anekdote
Auteur	Forfatter
Biographie	Biografi
Comparaison	Sammenligning
Conclusion	Konklusion
Description	Beskrivelse
Dialogue	Dialog
Fiction	Fiktion
Métaphore	Metafor
Narrateur	Fortæller
Poème	Digt
Poétique	Poetisk
Rime	Rim
Roman	Roman
Rythme	Rytme
Style	Stil
Thème	Tema
Tragédie	Tragedie

Livres
Bøger

Auteur	Forfatter
Aventure	Eventyr
Collection	Samling
Contexte	Kontekst
Dualité	Dualitet
Épique	Episk
Histoire	Historie
Historique	Historisk
Humoristique	Humoristisk
Inventif	Opfindsom
Lecteur	Læser
Littéraire	Litterær
Narrateur	Fortæller
Page	Side
Pertinent	Relevant
Poème	Digt
Poésie	Poesi
Roman	Roman
Série	Serie
Tragique	Tragisk

Maison
Hus

Balai	Kost
Bibliothèque	Bibliotek
Chambre	Værelse
Cheminée	Pejs
Clés	Nøgler
Clôture	Hegn
Cuisine	Køkken
Douche	Bruser
Fenêtre	Vindue
Garage	Garage
Grenier	Loftsrum
Jardin	Have
Lampe	Lampe
Miroir	Spejl
Mur	Væg
Plafond	Loft
Porte	Dør
Rideaux	Gardiner
Tapis	Tæppe
Toit	Tag

Mammifères
Pattedyr

Baleine	Hval
Chat	Kat
Cheval	Hest
Chien	Hund
Coyote	Prærieulv
Dauphin	Delfin
Éléphant	Elefant
Girafe	Giraf
Gorille	Gorilla
Kangourou	Kænguru
Lapin	Kanin
Lion	Løve
Loup	Ulv
Mouton	Får
Ours	Bære
Renard	Ræv
Singe	Abe
Taureau	Tyr
Tigre	Tiger
Zèbre	Zebra

Mathématiques
Matematik

Angles	Vinkler
Arithmétique	Aritmetik
Carré	Firkant
Circonférence	Omkreds
Décimal	Decimal
Diamètre	Diameter
Division	Division
Exposant	Eksponent
Équation	Ligning
Fraction	Brøk
Géométrie	Geometri
Parallèle	Parallel
Parallélogramme	Parallelogram
Polygone	Polygon
Rayon	Radius
Rectangle	Rektangel
Somme	Sum
Sphère	Sfære
Symétrie	Symmetri
Triangle	Trekant

Mesures
Målinger

Centimètre	Centimeter
Degré	Grad
Décimal	Decimal
Gramme	Gram
Hauteur	Højde
Kilogramme	Kilogram
Kilomètre	Kilometer
Largeur	Bredde
Litre	Liter
Longueur	Længde
Masse	Masse
Mètre	Meter
Minute	Minut
Octet	Byte
Once	Ounce
Pinte	Pint
Poids	Vægt
Pouce	Tomme
Profondeur	Dybde
Tonne	Ton

Meubles
Møbler

Armoire	Armoire
Banc	Bænk
Bibliothèque	Reol
Bureau	Skrivebord
Canapé	Sofa
Chaise	Stol
Commode	Kommode
Coussins	Puder
Étagères	Hylder
Fauteuil	Lænestol
Futon	Futon
Hamac	Hængekøje
Lampe	Lampe
Lit	Seng
Matelas	Madras
Miroir	Spejl
Oreiller	Pude
Rideaux	Gardiner
Tapis	Tæppe

Méditation
Meditation

Acceptation	Accept
Attention	Opmærksomhed
Calme	Rolig
Clarté	Klarhed
Compassion	Medfølelse
Esprit	Sind
Émotions	Følelser
Éveillé	Vågen
Gentillesse	Venlighed
Habitudes	Vaner
Mental	Mental
Mouvement	Bevægelse
Musique	Musik
Nature	Natur
Observation	Observation
Paix	Fred
Pensées	Tanker
Perspective	Perspektiv
Respiration	Vejrtrækning
Silence	Stilhed

Météo
Vejret

Arc-En-Ciel	Regnbue
Atmosphère	Atmosfære
Brise	Brise
Brouillard	Tåge
Calme	Rolig
Ciel	Himmel
Climat	Klima
Glace	Is
Mousson	Monsun
Nuage	Sky
Ouragan	Orkan
Polaire	Polar
Sec	Tør
Sécheresse	Tørke
Température	Temperatur
Tempête	Storm
Tonnerre	Torden
Tornade	Tornado
Tropical	Tropisk
Vent	Vind

Mythologie
Mytologi

Archétype	Arketype
Catastrophe	Katastrofe
Comportement	Adfærd
Création	Skabelse
Créature	Væsen
Croyances	Tro
Culture	Kultur
Éclair	Lyn
Force	Styrke
Guerrier	Kriger
Héros	Helt
Immortalité	Udødelighed
Jalousie	Jalousi
Labyrinthe	Labyrint
Légende	Sagn
Magique	Magisk
Monstre	Uhyre
Mortel	Dødelig
Tonnerre	Torden
Vengeance	Hævn

Nature
Natur

Abeilles	Bier
Animaux	Dyr
Arctique	Arktisk
Beauté	Skønhed
Brouillard	Tåge
Désert	Ørken
Dynamique	Dynamisk
Érosion	Erosion
Feuillage	Løv
Fleuve	Flod
Forêt	Skov
Glacier	Gletsjer
Montagnes	Bjerge
Nuage	Skyer
Paisible	Fredelig
Sauvage	Vild
Serein	Fredfyldte
Tropical	Tropisk
Vital	Afgørende

Nombres
Tal

Cinq	Fem
Deux	To
Décimal	Decimal
Dix	Ti
Dix-Huit	Atten
Dix-Neuf	Nitten
Dix-Sept	Sytten
Douze	Tolv
Huit	Otte
Neuf	Ni
Quatorze	Fjorten
Quatre	Fire
Quinze	Femten
Seize	Seksten
Sept	Syv
Six	Seks
Treize	Tretten
Trois	Tre
Vingt	Tyve
Zéro	Nul

Nourriture #1
Mad #1

Ail	Hvidløg
Basilic	Basilikum
Café	Kaffe
Cannelle	Kanel
Carotte	Gulerod
Citron	Citron
Épinard	Spinat
Fraise	Jordbær
Jus	Saft
Lait	Mælk
Navet	Majroe
Oignon	Løg
Orge	Byg
Poire	Pære
Salade	Salat
Sel	Salt
Soupe	Suppe
Sucre	Sukker
Thon	Tun
Viande	Kød

Nourriture #2
Mad #2

Amande	Mandel
Aubergine	Aubergine
Banane	Banan
Blé	Hvede
Brocoli	Broccoli
Cerise	Kirsebær
Céleri	Selleri
Champignon	Svamp
Chocolat	Chokolade
Jambon	Skinke
Kiwi	Kiwi
Mangue	Mango
Oeuf	Æg
Pain	Brød
Poisson	Fisk
Pomme	Æble
Poulet	Kylling
Raisin	Drue
Riz	Ris
Tomate	Tomat

Nutrition
Ernæring

Amer	Bitter
Appétit	Appetit
Calories	Kalorier
Comestible	Spiselig
Diète	Kost
Digestion	Fordøjelse
Épices	Krydderier
Équilibré	Afbalanceret
Fermentation	Gæring
Glucides	Kulhydrater
Liquides	Væsker
Poids	Vægt
Protéines	Proteiner
Qualité	Kvalitet
Sain	Sund
Santé	Sundhed
Sauce	Sauce
Saveur	Smag
Toxine	Toksin
Vitamine	Vitamin

Océan
Ocean

Algue	Tang
Anguille	Ål
Baleine	Hval
Bateau	Båd
Corail	Koral
Crabe	Krabbe
Crevette	Reje
Dauphin	Delfin
Éponge	Svamp
Huître	Østers
Méduse	Vandmand
Poisson	Fisk
Poulpe	Blæksprutte
Requin	Haj
Récif	Rev
Sel	Salt
Tempête	Storm
Thon	Tun
Tortue	Skildpadde
Vagues	Bølger

Oiseaux
Fugle

Aigle	Ørn
Autruche	Struds
Canard	And
Cigogne	Stork
Colombe	Due
Corbeau	Krage
Coucou	Gøg
Cygne	Svane
Flamant	Flamingo
Héron	Hejre
Manchot	Pingvin
Moineau	Spurv
Mouette	Måge
Oeuf	Æg
Oie	Gås
Paon	Påfugl
Perroquet	Papegøje
Pélican	Pelikan
Poulet	Kylling
Toucan	Toucan

Pays #2
Lande #2

Albanie	Albanien
Chine	Kina
Danemark	Danmark
France	Frankrig
Haïti	Haiti
Indonésie	Indonesien
Irlande	Irland
Jamaïque	Jamaica
Japon	Japan
Kenya	Kenya
Laos	Laos
Liban	Libanon
Mexique	Mexico
Ouganda	Uganda
Pakistan	Pakistan
Russie	Rusland
Somalie	Somalia
Soudan	Sudan
Syrie	Syrien
Ukraine	Ukraine

Paysages
Landskaber

Cascade	Vandfald
Colline	Bakke
Désert	Ørken
Estuaire	Flodmunding
Fleuve	Flod
Geyser	Gejser
Glacier	Gletsjer
Grotte	Hule
Iceberg	Isbjerg
Île	Ø
Lac	Sø
Marais	Sump
Mer	Hav
Montagne	Bjerg
Oasis	Oase
Péninsule	Halvø
Plage	Strand
Toundra	Tundra
Vallée	Dal
Volcan	Vulkan

Pêche
Fiskeri

Appât	Lokkemad
Bateau	Båd
Branchies	Gæller
Crochet	Krog
Eau	Vand
Exagération	Overdrivelse
Équipement	Udstyr
Fil	Tråd
Fleuve	Flod
Lac	Sø
Mâchoire	Kæbe
Océan	Ocean
Panier	Kurv
Patience	Tålmodighed
Plage	Strand
Poids	Vægt
Saison	Sæson

Pirates
Pirater

Ancre	Anker
Aventure	Eventyr
Capitaine	Kaptajn
Carte	Kort
Cicatrice	Ar
Danger	Fare
Drapeau	Flag
Épée	Sværd
Équipage	Mandskab
Grotte	Hule
Île	Ø
Légende	Sagn
Mauvais	Dårlig
Océan	Ocean
Or	Guld
Perroquet	Papegøje
Pièces	Mønter
Plage	Strand
Rhum	Rom
Trésor	Skat

Plage
Strand

Bateau	Båd
Bleu	Blå
Coquilles	Skaller
Côte	Kyst
Crabe	Krabbe
Dock	Dock
Île	Ø
Lagune	Lagune
Mer	Hav
Océan	Ocean
Parapluie	Paraply
Récif	Rev
Sable	Sand
Sandales	Sandaler
Serviette	Håndklæde
Soleil	Sol
Vacances	Ferie
Voilier	Sejlbåd

Plantes
Planter

Arbre	Træ
Baie	Bær
Bambou	Bambus
Botanique	Botanik
Buisson	Busk
Cactus	Kaktus
Engrais	Gødning
Feuillage	Løv
Fleur	Blomst
Flore	Flora
Forêt	Skov
Grandir	Vokse
Haricot	Bønne
Herbe	Græs
Jardin	Have
Lierre	Vedbend
Mousse	Mos
Pétale	Kronblad
Racine	Rod
Végétation	Vegetation

Professions #1
Erhverv #1

Ambassadeur	Ambassadør
Artiste	Kunstner
Astronome	Astronom
Avocat	Advokat
Banquier	Bankmand
Bijoutier	Guldsmed
Cartographe	Kartograf
Chasseur	Jæger
Danseur	Danser
Entraîneur	Træner
Éditeur	Redaktør
Géologue	Geolog
Infirmière	Sygeplejerske
Médecin	Læge
Musicien	Musiker
Pianiste	Pianist
Plombier	Blikkenslager
Pompier	Brandmand
Psychologue	Psykolog
Vétérinaire	Dyrlæge

Professions #2
Erhverv #2

Astronaute	Astronaut
Bibliothécaire	Bibliotekar
Biologiste	Biolog
Chercheur	Forsker
Chirurgien	Kirurg
Dentiste	Tandlæge
Détective	Detektiv
Enseignant	Lærer
Illustrateur	Illustrator
Ingénieur	Ingeniør
Inventeur	Opfinder
Jardinier	Gartner
Journaliste	Journalist
Linguiste	Lingvist
Médecin	Læge
Peintre	Maler
Philosophe	Filosof
Photographe	Fotograf
Pilote	Pilot
Zoologiste	Zoolog

Randonnée
Vandreture

Animaux	Dyr
Bottes	Støvler
Camping	Camping
Carte	Kort
Climat	Klima
Dangers	Farer
Eau	Vand
Falaise	Klint
Fatigué	Træt
Lourd	Tung
Météo	Vejr
Montagne	Bjerg
Nature	Natur
Orientation	Orientering
Parcs	Parker
Pierres	Sten
Préparation	Forberedelse
Sauvage	Vild
Soleil	Sol
Sommet	Topmøde

Remplir
For at Udfylde

Baril	Tønde
Bassin	Bassin
Boîte	Boks
Bouteille	Flaske
Caisse	Kasse
Carton	Karton
Dossier	Folder
Enveloppe	Kuvert
Panier	Kurv
Paquet	Pakke
Plateau	Bakke
Poche	Lomme
Pot	Krukke
Sac	Taske
Seau	Spand
Tiroir	Skuffe
Tube	Rør
Valise	Kuffert
Vase	Vase

Restaurant #1
Restaurant #1

Allergie	Allergi
Assiette	Plade
Bol	Skål
Café	Kaffe
Caissier	Kasserer
Couteau	Kniv
Cuisine	Køkken
Dessert	Dessert
Épicé	Krydret
Ingrédients	Ingredienser
Menu	Menu
Nourriture	Mad
Pain	Brød
Poulet	Kylling
Réservation	Reservation
Sauce	Sauce
Serveuse	Servitrice
Serviette	Serviet
Viande	Kød

Restaurant #2
Restaurant #2

Boisson	Drik
Chaise	Stol
Cuillère	Ske
Déjeuner	Frokost
Délicieux	Lækker
Dîner	Middag
Eau	Vand
Épices	Krydderier
Fourchette	Gaffel
Fruit	Frugt
Gâteau	Kage
Glace	Is
Légumes	Grøntsager
Nouilles	Nudler
Oeuf	Æg
Poisson	Fisk
Salade	Salat
Sel	Salt
Serveur	Tjeneren
Soupe	Suppe

Salle de Bains
Badeværelse

Bain	Bad
Bulles	Bobler
Ciseaux	Saks
Douche	Bruser
Eau	Vand
Éponge	Svamp
Lotion	Lotion
Miroir	Spejl
Parfum	Parfume
Robinet	Vandhane
Savon	Sæbe
Serviette	Håndklæde
Shampooing	Shampoo
Tapis	Tæppe
Toilette	Toilet
Vapeur	Damp

Science
Videnskab

Atome	Atom
Chimique	Kemisk
Climat	Klima
Données	Data
Expérience	Eksperiment
Évolution	Udvikling
Fait	Faktum
Fossile	Fossil
Gravité	Tyngdekraft
Hypothèse	Hypotese
Laboratoire	Laboratorium
Méthode	Metode
Minéraux	Mineraler
Molécules	Molekyler
Nature	Natur
Observation	Observation
Organisme	Organisme
Particules	Partikler
Physique	Fysik
Plantes	Planter

Science-Fiction
Science Fiction

Atomique	Atomar
Cinéma	Biograf
Explosion	Eksplosion
Extrême	Ekstrem
Fantastique	Fantastisk
Feu	Brand
Futuriste	Futuristisk
Galaxie	Galakse
Illusion	Illusion
Imaginaire	Imaginær
Livres	Bøger
Monde	Verden
Mystérieux	Mystisk
Oracle	Oracle
Planète	Planet
Réaliste	Realistisk
Robots	Robotter
Scénario	Scenarie
Technologie	Teknologi
Utopie	Utopi

Sports
Sport

Arbitre	Dommer
Athlète	Atlet
Base-Ball	Baseball
Basket-Ball	Basketball
Championnat	Mesterskab
Entraîneur	Træner
Équipe	Hold
Gagnant	Vinder
Golf	Golf
Gymnase	Gymnasium
Gymnastique	Gymnastik
Hockey	Hockey
Jeu	Spil
Joueur	Spiller
Mouvement	Bevægelse
Stade	Stadion
Tennis	Tennis
Vélo	Cykel

Surf
Surfing

Amusement	Sjov
Athlète	Atlet
Champion	Champion
Débutant	Begynder
Estomac	Mave
Extrême	Ekstrem
Force	Styrke
Météo	Vejr
Mousse	Skum
Océan	Ocean
Pagaie	Padle
Plage	Strand
Populaire	Populær
Récif	Rev
Style	Stil
Vague	Bølge
Vitesse	Hastighed

Technologie
Teknologi

Blog	Blog
Caméra	Kamera
Curseur	Markør
Données	Data
Écran	Skærm
Fichier	Fil
Internet	Internet
Logiciel	Software
Message	Besked
Navigateur	Browser
Numérique	Digital
Octets	Bytes
Ordinateur	Computer
Police	Font
Recherche	Forskning
Sécurité	Sikkerhed
Statistiques	Statistik
Virtuel	Virtuel
Virus	Virus

Temps
Tid

Année	År
Annuel	Årlig
Après	Efter
Avant	Før
Bientôt	Snart
Calendrier	Kalender
Décennie	Årti
Futur	Fremtid
Heure	Time
Hier	I Går
Horloge	Ur
Jour	Dag
Maintenant	Nu
Matin	Morgen
Midi	Middag
Minute	Minut
Mois	Måned
Nuit	Nat
Semaine	Uge
Siècle	Århundrede

Types de Cheveux
Hår Typer

Argent	Sølv
Blanc	Hvid
Blond	Blond
Boucles	Krøller
Brillant	Skinnende
Chauve	Skaldet
Coloré	Farvet
Court	Kort
Doux	Blød
Épais	Tyk
Frisé	Krøllet
Gris	Grå
Long	Lang
Marron	Brun
Mince	Tynd
Noir	Sort
Ondulé	Bølget
Sain	Sund
Sec	Tør
Tressé	Flettet

Vacances #2
Ferie #2

Aéroport	Lufthavn
Camping	Camping
Carte	Kort
Destination	Destination
Étranger	Udlænding
Hôtel	Hotel
Île	Ø
Loisir	Fritid
Mer	Hav
Passeport	Pas
Photos	Billeder
Plage	Strand
Restaurant	Restaurant
Taxi	Taxa
Tente	Telt
Train	Tog
Transport	Transport
Vacances	Ferie
Visa	Visum
Voyage	Rejse

Vertus #1
Dyder #1

Artistique	Kunstnerisk
Bon	Godt
Charmant	Charmerende
Confiant	Sikker
Curieux	Nysgerrig
Décisif	Afgørende
Drôle	Sjov
Efficace	Effektiv
Fiable	Pålidelig
Généreux	Generøs
Imaginatif	Fantasifulde
Indépendant	Uafhængig
Intelligent	Intelligent
Modeste	Beskeden
Passionné	Lidenskabelig
Patient	Patient
Pratique	Praktisk
Propre	Ren
Sage	Klog
Utile	Nyttig

Véhicules
Køretøjer

Ambulance	Ambulance
Avion	Fly
Bateau	Båd
Bus	Bus
Camion	Lastbil
Caravane	Campingvogn
Ferry	Færge
Fusée	Raket
Hélicoptère	Helikopter
Moteur	Motor
Navette	Shuttle
Pneus	Dæk
Radeau	Tømmerflåde
Scooter	Scooter
Sous-Marin	Ubåd
Taxi	Taxa
Tracteur	Traktor
Train	Tog
Vélo	Cykel
Voiture	Bil

Vêtements
Tøj

Bracelet	Armbånd
Ceinture	Bælte
Chapeau	Hat
Chaussure	Sko
Chemise	Skjorte
Chemisier	Bluse
Collier	Halskæde
Foulard	Tørklæde
Gants	Handsker
Jeans	Jeans
Jupe	Nederdel
Manteau	Frakke
Mode	Mode
Pantalon	Bukser
Pull	Sweater
Pyjama	Pyjamas
Robe	Kjole
Sandales	Sandaler
Tablier	Forklæde
Veste	Jakke

Ville
By

Aéroport	Lufthavn
Banque	Bank
Bibliothèque	Bibliotek
Boulangerie	Bageri
Cinéma	Biograf
Clinique	Klinik
École	Skole
Galerie	Galleri
Hôtel	Hotel
Librairie	Boghandel
Marché	Marked
Musée	Museum
Pharmacie	Apotek
Restaurant	Restaurant
Salon	Salon
Stade	Stadion
Supermarché	Supermarked
Théâtre	Teater
Université	Universitet
Zoo	Zoo

Félicitations

Vous avez réussi !

Nous espérons que vous avez apprécié ce livre autant que nous avons pris plaisir à le concevoir. Nous faisons de notre mieux pour créer des livres de la meilleure qualité possible.
Cette édition est conçue pour permettre un apprentissage intelligent et de qualité en se divertissant !

Vous avez aimé ce livre ?

Une Simple Demande

Nos livres existent grâce aux avis que vous publiez. Pourriez-vous nous aider en laissant un avis maintenant ?

Voici un lien rapide qui vous mènera à votre
page d'évaluation de vos commandes :

BestBooksActivity.com/Avis50

CHALLENGE FINAL !

Défi n°1

Êtes-vous prêt pour votre jeu bonus ? Nous les utilisons tout le temps mais ils ne sont pas si faciles à trouver. Voici les **Synonymes** !

Notez 5 mots que vous avez trouvés dans les puzzles notés ci-dessous (n°21, n°36, n°76) et essayez de trouver 2 synonymes pour chaque mot.

Notez 5 Mots du **Puzzle 21**

Mots	Synonyme 1	Synonyme 2

Notez 5 Mots du **Puzzle 36**

Mots	Synonyme 1	Synonyme 2

Notez 5 Mots du **Puzzle 76**

Mots	Synonyme 1	Synonyme 2

Défi n°2

Maintenant que vous vous êtes échauffé, notez 5 mots que vous avez découverts dans les Puzzles n° 9, n° 17, n° 25 et essayez de trouver 2 antonymes pour chaque mot. Combien pouvez-vous en trouver en 20 minutes ?

Notez 5 Mots du **Puzzle 9**

Mots	Antonyme 1	Antonyme 2

Notez 5 Mots du **Puzzle 17**

Mots	Antonyme 1	Antonyme 2

Notez 5 Mots du **Puzzle 25**

Mots	Antonyme 1	Antonyme 2

Défi n°3

Formidable ! Ce défi final n'est rien pour vous.

Prêt pour le dernier défi ? Choisissez 10 mots que vous avez découverts parmi les différents puzzles et notez-les ci-dessous.

1.	6.
2.	7.
3.	8.
4.	9.
5.	10.

Maintenant, composez un texte en pensant à une personne, un animal ou un lieu que vous aimez !

Astuce: Vous pouvez utiliser la dernière page de ce livre comme brouillon !

Votre Composition :

CARNET DE NOTES :

À TRÈS BIENTÔT !

Toute l'équipe

DECOUVREZ DES JEUX GRATUITS
GO
BESTACTIVITYBOOKS.COM/FREEGAMES

www.ingramcontent.com/pod-product-compliance
Lightning Source LLC
Chambersburg PA
CBHW081804241025
34508CB00061B/3627